新商务系列 之发现方法 ❷

Crowdsourcing Model

众包：
微观时代

刘晓芳 著

2011年·北京

图书在版编目(CIP)数据

众包：微观时代／刘晓芳著．—北京：商务印书馆，2011
（新商务系列之发现方法）
ISBN 978-7-100-07329-5
Ⅰ.①众… Ⅱ.①刘… Ⅲ.①企业管理—研究 Ⅳ.①F270

中国版本图书馆CIP数据核字（2010）第153603号

所有权利保留。
未经许可，不得以任何方式使用。

众包：微观时代

刘晓芳 著

商 务 印 书 馆 出 版
（北京王府井大街36号 邮政编码 100710）
商 务 印 书 馆 发 行
北 京 瑞 古 冠 中 印 刷 厂 印 刷
ISBN 978 - 7 - 100 - 07329 - 5

2011年1月第1版　　　开本 880×1240　1/16
2011年1月北京第1次印刷　印张 10
定价：24.00元

新商务系列丛书

主　　编：汪丁丁

执行主编：姜奇平　方兴东

编　　委：胡　泳　吴伯凡　段永朝　梁春晓（排名不分先后）

策划统筹：范海燕

学术秘书：王　敏

新商务系列丛书总序

姜奇平

商务印书馆历来重视用人类创造的全部知识财富来丰富自己的头脑。其中一个重要取向,是不断用人类新的知识,更新国人旧的头脑。在上一个社会转型时期,通过对工业文明智慧渊源及思想果实的系统引进,为推动中国从农业社会向工业社会转型,提供了有力的智力支持;在下一个社会转型时期,必将通过对信息文明智慧渊源及思想果实的系统挖掘,为推动中国从工业社会向信息社会的转型再次提供智力支持。从这个意义上可以说,新商务,既是商务印书馆的历史,也是商务印书馆的未来。

我们推出这套"新商务"系列丛书的目的,就是继承商务印书馆的启蒙传统,抓住工业文明向信息文明转型的历史机遇,用下一代经济的先进理念,进行新商务启蒙,为迎接互联网带来的新商业文明浪潮,提供值得追随的智慧。

早在20世纪80年代,托夫勒就预言:人类将从单一品种大规模制造转向小批量多品种的生产方式。以计算机和互联网为代表的先进生产力,有力推动了这一发展方式的转变。这是继农业生产方式转变为工业生产方式之后,人类发展方式又一次深刻的历史转变。从此,人依靠机器生产转变为机器围绕人生产成为可能,个性化制造和规模化协同创新有机结合将成为重要的生产方式。

人类上一次生产方式转变引发的世界范围的经济、社会、文化变化,包括欧美梦幻般的崛起,人们有目共睹;而对这一次意义更为深远的生产方式的转变,包括中国将对人类作出何种贡献,人们没有理由熟视无睹。

"新商务"系列丛书建立在对"下一代经济"核心理念的发现力之上,通过追踪生产方式转变的历史渊源、现实进展以及未来走向,能够从中发现新的经典,发现新的规则,发现新的方法。为此,丛书开辟"发现经典"、"发现规则"、"发现方法"

三个子系列。

"发现经典"系列，主要定位于从世界范围信息革命中发现驱动国家转型的力量。通过系统翻译和重新发现世界知名学者的新经济思想和经典著作，为人们探索下一代经济的元逻辑，提供思考线索。"发现规则"系列，主要定位于从中国信息革命的实践中发现具有普遍意义的游戏规则。通过汇集中国学者对新商务实践的总结，为提炼新商务规则提供进一步研究的基础。"发现方法"系列，定位于指导新商务实践。侧重对国内外新商务概念的归纳、对前沿商业模式及其本地化的阐释，以期推动理论与实践的良性循环与可持续发展。

与工业革命"新商务"思想成果的引进不同，除了具有共同特点外，"新商务"系列丛书具有一些特殊性，一是信息革命正在发生，有待成熟，经典、规则与方法都是相对的，在探索中难免失误，恳请读者以批判态度、宽容心态对待；二是中国与世界同步走上信息高速公路，相对以往，中国学者有了更多产生原创发现的机会和条件，我们将以开放心态力推新人，也希望读者与我们共同前行、共同提高。

春江水暖，先下水者当作先知；继往开来，新商务中敢为人先。让我们共勉。

目录

前言 /001

第一部分 价值再发现 /007

第一章 知识的自组织机制 /009
社交网络的多维化 /011
知识的选择和生产网络 /015
网脑地图 /020
企业的众包网络 /025

第二章 从外包到众包 /029
798被外包了吗？ /030
工具路径 /034
商业模式路径 /040
外包2.0 /044

第三章 企业还剩下什么？ /051
组织的虚拟化趋势 /052
企业是无组织的组织者 /057
集体的治理 /060
从知识管理到知识服务 /062

第四章 企业社区平台化 /069
企业是创意的平台 /072
企业是电子商务平台 /075
企业是社区服务平台 /079

第二部分 回到商业的"田园" /083

第五章 企业的生态优化 /085
企业生态化 /087
从价值链到价值网络 /091
价值网络是产业集群吗？ /094
生态系统之间的竞争 /098

第六章　价值网络的演变图 /103
　　创新商业组件 /106
　　端到端的整合 /111
　　平台是什么？/115

第三部分　我们的未来 /121

第七章　价值网络改变国家实力 /123
　　MP3 的中国境遇 /123
　　比较优势的转换 /126
　　生态效益资产 /131

第八章　从制造到信息服务升级的机会 /137
　　网络化经营 /139
　　制造业转型 /143
　　软件外包升级 /146
　　区域集群的改造 /150

前 言

自上世纪末以来，大批的工人相继走上了失业之路，失业潮席卷了欧洲、美国、日本，还有中国。这场全球性的社会现象给当事人心理所造成的冲击之凶猛和突然，使得人们至今仍未真正从其中回过味来。

当时的日本电视剧里零星地反映了这类问题，一位失业的父亲从偏远的小镇来到东京投奔他的儿子，他不好意思直接告诉儿子自己已经失去了工作，以督促儿子工作生活为由，实际是来东京找工作。当谎言被识破的那一刻，已经是满面风霜的父亲心里感到惭愧，表面却装做若无其事地说："工作了30多年还是被开除，看来我已经是一只再也搬不动食物的工蚁了"。

工业为日本创造了半个世纪的经济辉煌，而现在那些亲手推动一个个齿轮运转来带动整个国家机器前进的人们却集体失业了，他们的束手无策以及在晚辈面前的赧颜，让我们后一代人，感受到了一种迟来的震撼。

这种震撼还在延续，2008年年末，受新一波全球金融危机的冲击，我国珠三角地区大批的中小企业或倒闭或外迁，近两千万民工顿时失去了工作机会，那种浩浩荡荡集体返乡的场景，让人很容易联想到在大潮冲刷后的一群群流蚁。

蚂蚁社会是一个极具结构性和秩序的社会，是一个典型的集体智力工程。但是，这种群体性社会往往忽视个人的存在，每一个个体或每一个工作岗位都被编入国家程序当中，一个人就是一个可以被随时替换的零件，或者就是一只随时面临牺牲的工蚁。

人类的工业社会也具有这种鲜明的特征，甚至连机器都来抢夺人的话语权，过去我们一直在推进的人机对话、人机象棋比赛，实际上反映的是人类希望通过智力上的斗争，去向机器夺回那一部分已经丧失的主体性。

与其说机器夺取了人类的部分主体性，不如说人类身体的一部分被植入了某些器件，变得多了几分机械性。工业社会让我们在机器、流水线、钢筋结构等一切要求严丝合缝、规划齐整的事物中产生了一种集体的焦虑，我们迷失在技术主义带来的工具理性当中，在战胜和改造中站到了自然的对立面。

2009年年底，美国《时代周刊》杂志把年度人物颁给了一群中国工人，人们都觉得西方社会的一种集体怀旧更甚于褒奖。工业时代的晚景就像地球上数万亿年以来普通一天的黄昏，人们根本还来不及向它告别，时代的巨轮就已经轰隆一声巨响将其推至夕阳西下。新的一页也仍然是在我们还没有准备好的时候就已然翻开了。

从这一刻起，人们的工作方式将发生颠覆式的变革。每一个人不再是工业价值链上被高度一体化也是最容易被先抛弃的一环，而是一个具有完整自我的独立价值个体，他们决定了产品的市场命运，并主导价值的最后流向。

《苏菲日记》最初诞生在葡萄牙，之后迅速地被翻拍为英国、德国、巴西、智利、越南等多种版本在全球热播。中国版《苏菲日记》由华索影视打造，除了保留原版的日记体形式和互动模式外，还专门针对中国市场进行了彻底的本土化改造，力图最大程度上还原中国"Y一代"的特征。该剧讲述一个名叫苏菲的18岁女孩搬到上海开始自己的新生活，在成长的过程中不断遇到各种烦恼、困惑和迷失，从而为观察和理解这一人群提供了一个独特的视角。

在这个网络电视剧中，观众可以进入苏菲的博客，以在线投票的方式决定情节如何发展。《苏菲日记》在中国各大流行的视频网站，譬如新浪和优酷，免费播放，在最初播放的三个月里就吸引了超过1 500万名观众。

因为有了庞大的观众基础，企业开始在电视剧里做植入式广告。电视剧第一季的主要赞助商包括51job.com和倩碧（Clinique）。这些公司的产品和服务都在主角的生活中自然地展现了出来。

苏菲不仅是电视剧里的虚构角色，还可以进入到现实世界中写博客，与观众互动。在这里，现实与虚拟频繁交互，每一个观众都可以成为苏菲，决定角色的发展和命运。

这还仅仅是一个开始。在网上，如今人们不再是那只"没有人知道你是一只狗"的"狗"，只能置身事外做一名观众，互联网好像已经开始逐渐融入人的身心，人们开始变得热衷参与和改变，创造新的价值。

观众进入电脑机器当中，并跨越机器，从虚拟现实中找到价值，并重新回到主体。或者说，电脑机器让人类进入了一个虚拟的生命，并与化身融为一体，获得了另外一种视野，得以从外部重新审视自我、发现自我，并成就自我。

在重新审视自我价值的过程中，《苏菲日记》的观众既参与了电视剧内容的共同制作，同时还是最忠实的内容消费者，商家把生产和创新权力更多地转移给了消费者，大众自行生产，自我服务，正在成为推动一种新经济的核心动力。

每一个具有独树一帜个性或才能的人，甚至都可以通过互联网蓄积一个个人的资源池，根据需要将聚集起来的资源进行动态组合和生产，从而让自己成为一名创业者或者直接成为老板。

一个小男孩独自坐在一座废弃的大桥边，玩着玩具机器人。此时，他听见远处传来了沉闷的巨响，他站起来转身一看，一个个比楼房还高的巨型机器人从雾气弥漫的远处走来，随即，数不清的梭状飞行器和飞碟从天空中掠过。很快，机器人和飞碟开始攻击城市与人群，并在最后化身为外形似金属堡垒的超级炸弹，随着声声巨响，整个城市灰飞烟灭……

看着这些场景，很多人会理所当然误以为这是一部新的好莱坞大片，然而，事实是，它是两三个影视工作者花了2 000多元人民币就制作出来的低成本灾难片。一个默默无闻的乌拉圭小导演，把自己纯粹出于好玩而制作的一个视频短片放到了YouTube视频网站上。不到24小时，便有吸引了超过150万来自世界各地的网友观众。现在，这个名叫费德里科·阿尔瓦雷的导演，得到了好莱坞高达3 000万美元的投资，让他把这部短片拍成大片！

阿尔瓦雷回忆道：从把短片上传到网络上开始，短短两三天时间内，他的电子邮箱已经塞满了来自好莱坞各大影视公司的邀请信。这些公司中包括著名的索尼、梦工厂、华纳兄弟和20世纪福克斯公司等业内翘楚，它们都是争相邀请阿尔瓦雷把短片版权卖给自己，或干脆邀请他来担纲拍摄一部大片。最后，他与执导过两部《蜘蛛侠》的著名导演山姆·雷米成为了同一家好莱坞公司的同事。

阿尔瓦雷的创业方式，就是在几天之内让自己从一位无名小卒瞬间变身为好莱坞大制作导演。网友成了阿尔瓦雷最好的营销群体，他们既是短片的观众，更是一群无偿的特约营销员，一旦3 000万美元的大制作出来之后，他们又会是第一批忠实的观众。这个故事听起来很夸张，但是，互联网给了每个人进行民主生产的机会，这是在传统的生产模式下所不可比拟的。

这是一个大众创造价值的微观时代。每一个网络节点都可能触发创新，带来新的价值。传统高度一体化的组织及制度将面临价值结构的解体，每一个人都有可能开创一个独特的、具有自我代谢和进化能力的价值完满的小生态环境。

作为18世纪启蒙运动的缩影，《百科全书》的面世可以说奠定了法国大革命的舆论基础，当时参加编撰的主要人员只是少数的精英分子。

进入互联网时代，维基百科已成为一部允许全球无数志愿学者、玩家和学生等大众自由参与共同完成编撰的新型百科全书，大众开始拥有与精英分子一样的表达权，而他们的努力不但为自己也为绝大多数人作了一个时代的注释。

二战以后，科技的不断创新与发展带来了另外一个产物，就是大众的普遍觉醒。大众在社会行动、文化生产以及经济领域参与的程度比以往更深、更广。

互联网不论是在个人还是社会不同的角度上，都能展现出多维的镜像。个人可以从中认识到自我的无限种可能，完成从自我重新发现到自我的多维实现。YouTube、维基网站、优酷网、QQ、谷歌以及土豆网，等等，人们正在同时利用各种各样的身份标签、变换着身份聚集在这些社区网站中，其实每一次变换的既是个人的兴趣标签，也是一种新的能力标签。

新的群体的产生往往会产生聚集效应，就是会具有更强的创新爆发力。当互联网以社区的方式自由地聚合不同兴趣群体参与生产时，也就意味一种全新的开放价值链的形成——众包：大众生产。

汉字输入法曾经是微软打开中国市场的一把关键钥匙，微软在内部设有专门的汉字输入技术研发团队，每年花费不菲。企业高成本的投入甚至还带来手机汉字输入法由国外企业垄断的局面，中国人使用的每台手机都必须支付超过0.3美元的汉字输入技术专利费，每年仅此一项就要多支付7.8亿元人民币。

这些都是由封闭式研发模式所造成的结果。2006年，搜狗输入法的推出却很有可能在不久的将来改变目前现状。在搜索引擎技术的基础上，搜狐提供一个开放的软件平台，用户可以自由参与搜狗输入法软件界面（皮肤）的设计，目前已经上传了上万种极具个性化的皮肤；而且细胞词库也全部由网友贡献，网友可自己上传或编辑词条，不断丰富细胞词库，创建完全个性化的输入方式。细胞词库按不同主题类别细分，比如，诗词名句、跑跑卡丁车、股票、电影，等等，网友可以根据自己关心的任何话题创建和编辑新的词库，这使得搜狗输入法内的词库和词条总数都在迅速增加，仅词库类别就已经超过上万个，而且数字还在不断增长。

汉字输入法在网友们的自发推动下，正在焕发出新的生命。随着搜狐在全球范围率先推出搜狗云输入法——具有更强大的语言模型和词库，用户短句的覆盖率和首选率提高到了96%以上，人们可以不用安装，只要能上网就能输入，更多的用户将会加入进来。用户越多，就会推动搜狗云输入法越发的完善。一旦手机实现了无障碍联网，网友还可以很方便地将该输入法应用到手机上，从而可能化解国外对于手机汉字输入法的垄断。

大众的自发创新正在消融传统的技术壁垒和资本的权力。也可以说，众包是一种个人隐性知识的社区生产，可以最低成本、最大限度地保持个体的独立性和原创性。对于当前的社会经济结构来说，这种独立性和原创性是具有绝对冲击性的一股新生力量。它在文化的继承性上将可以从农耕时代去找回一些普适的价值。比如，少了一些机械化和制度化，多了一些人性化和个性化。

众包在基于知识生产基础之上形成了一个创意经济体系，在一个全方位开放的价值网络中，知识可以充分自由地流转，并可能直接在客户需求的引导下完成商品化的过程。因而也可以说众包是基于一个知识价值网络的服务体系。众包是知识的外包，是外包的2.0升级版。

众包也是新的利益网络的集结。这种网络与制造业时代企业或行业的专属网络不同：它是多元交叉的，具有高附加值的服务性质的特点。以往依靠高度一体化的价值链形式来凝聚一个群体的方法已经不适合，要想聚集这些网上的自由生产者和企业，并抢占由他们形成新的商业价值网络的领导位置，需要从知识、文化、民主、自由等多维角度重新综合考量。

建立在网络社区之上的商业价值网络的价值触发点来自于市场或终端，这和基于价值链的高端企业主导价值的传递与再造模式完全不一样，由于创新的主动权已被释放到价值网络上的每个节点，因而将形成一种全新的价值分配模式和结构。

一场关于价值解构与重组的浪潮已经在全球范围内展开，它不仅仅是财富的重新分配，更是关乎到整个社会、经济以及文化等各个方面的重新阐释。

释放是这波浪潮的一个关键词，个人释放潜力，企业或机构释放占有性资源，产业链释放封闭性的结构，城市释放权力，释放会带来传统边界的交互和融合，只有释放才能产生新的聚集，形成新的价值结构。

释放还会带来不信任，但是新价值是最好的润滑剂。大众和中小企业将会获得更多的发展机会，大企业也可以从过去臃肿的组织结构中解放出来，通过借助外部的创新来保护和强化自身的核心竞争力，获得新的增长。

同时，释放得越多，个人、企业、城市和社会联系得越为紧密，相互依赖性也会更强，他们紧紧围绕在各自的价值网络之中，需要在相互碰撞和摩擦中学会如何保存与发展个性，学会如何与其他成员合作，共同生存和发展。

和而不同是儒家文化的一个核心论点，在互联网社会中，它将得到全新的诠释和发展。或许，这将为众包在中国的发展提供一种文化上的支持。然而，与欧美国家不同，众包在中国现实社会中的立足点不同。需要从农业社会及工业社会两条线进行比较，去发现众包是怎样影响和改变社会组织、经济变迁、社会关系以及文化的，从而有可能找到众包在中国的适应度和未来发展趋势。

网络社区不同于农业社会中基于地理聚集的社区，它无处不在，对于人才和经济的渗透是温和的，然而却能产生极大的爆发力。网络社区正在成为企业财富的蓄水池，它们在全世界各地搭建不同的社区，并将其丰富和拓展为一个个纵横交错、互为关联的独特价值网络。这些商业的价值网络最终会演变成为一个个完整的自有经济体系。

众包中所形成价值网络既是创新的聚集，也是知识人才的重新聚集，更是财富的重新聚集，它正在改变衡量一个地区或国家经济实力的标准。它是无形的，难以精确估算的，它所蕴藏的"商业生态效益"将最终决定一个国家的竞争实力。

正如个人的能力和价值是可以进行多维度拓展的，企业也可以。当前，已有一些前瞻性的企业开始通过组件化自身的业务体系，打造各自的多维价值网络，从而更好地向信息服务产业转型。同样，对于一个城市和国家来讲，价值网络业为实现整个社会结构转型和产业结构从制造到服务升级提供了新的可能，但是，这还仅仅是开始。

一个企业可以围绕自身的社区平台在全球范围内构筑自己的经济生态系统，财富将以虚拟社区的形式结构进行聚集、交换和流转，这会极大地改变过去围绕地理产业集群形成的城市或地区的经济结构。我们将如何应对新一轮的挑战呢？

第一部分　价值再发现

第 一 章　　知识的自组织机制

互联网正在从一些最不起眼的地方，对个人打开一扇又一扇能看得见风景的窗户。如果你推开窗走进去，会发现在另一个空间里上帝才刚刚好给世上万物取好名字。如果喜欢，你可以做自己的摩西，因为一切还停留在旧约时代。

阿桂有了一个新身份，是开心网一名种菜养鸡的果农。让他没有想到的是，这个微不足道的身份竟然轻而易举地改变了他过去一直坚持的生活理念。

2009年4月，阿桂禁不住诱惑在开心网上当起了农场主，每天一有闲暇，就是上菜地里浇水、锄草、喂鸡，偶尔也去抢个车位或偷点别人园子里的果实，一个多月以后积攒了"家产近十万元"。

作为网民，阿桂应该属于较落后的那个群体，既不主动但也不一拒了之，上开心网也是在身边同事朋友极力撺掇下才开始的。也就是说，在现实生活中，对于新生事物，他可能被动接受，但难得会积极去尝试，更别说传播了，基本是营销媒介的绝缘体。然而，在开心网上，他的这种生活态度和理念，在一分钟之内就已分崩离析。

有一天，他打开自己在开心网上的主页，发现有一份来自朋友的礼物：一个多年未见的大学同学通过开心同学名录找到了他，并送给了他一份用"新收的番茄榨成的果汁"。

经过一番打听和了解，他知道需要去商店买一种叫悦活的种子，然后才能进入播种、收获和榨汁流程。阿桂立即开始付诸行动，不久，也为老同学送去了一份自己的"劳动成果"——"苹果和石榴果汁"。不仅如此，由于赠送可以"抽奖"，奖品是一瓶同品牌的真果汁，而他竟然得到了两瓶。这个变假成真的游戏，一时间令他大为惊奇。

原来，阿桂无意参与了一次宣传和营销，并成了"悦活"饮料的一名业余"推销员"。实际上，阿桂只是无数"悦活"业余"推销大军"中的一员。自悦活在开心网开展营销活动以来，仅在两个月内，游戏中送出虚拟果汁达1.2亿次，参与悦活种植大赛的人数达到2 280万，悦活粉丝群的数量达到58万。

平常，阿桂不是太在意"家产"的累积速度，不想因为太迷于数字，让原本为了散心解闷、释放压力而开辟的这片虚拟"果园"，反而成了紧张生活中的又一个"压力源"。

悦活果蔬汁是中粮集团首个专为"悦活向往族"打造的全新果蔬汁品牌。它的成功在于，将现实生活中最不可能带来推销效应的人也纳入自己的阵营中来。阿桂是最微不足道的一位，也是对悦活来说最有价值的一种人：他们对品牌有很高的忠诚度，口碑效应可以被网络成倍放大。

2008年年底，正值全球金融危机跌入谷底，悦活果蔬汁作为一个刚刚上市的新饮品，中粮集团自身宣传费用原本有限，加之市场消费观念动荡，不确定性因素增加，这些是新品牌顺利推向市场不可回避的客观难题。

开心网的用户大多是在城市上班的白领，现实压力使得他们越来越难以摆脱对于原始家园的向往和依恋。亲近泥土，回归自然，虽然已成为一种奢侈，但是开心网为他们营造了一个虚拟的传统家园，让他们可以简单和快乐的生活。这和悦活倡导的生活主张不谋而合。

互联网是一个发现市场和创造市场的地方。在这里，消费者掌握了更多的话语权,关键在于他们如何快乐地行使这种权利,并收到商业的效果。在中粮悦活之前,已有很多企业利用开心网进行市场推广,但仍以插入广告或简单的植入式广告居多,信息传递方式单一。用户被置于一种被动接受状态,没有互动,也没有二次传播。

中粮悦活在开心网用户的日常生活形态中找到一种最有效的寓商业于玩乐的方式。开心网花园组件中"自然种植收获"的游戏给悦活果蔬汁品牌宣传提供了一个现有的平台。

在整个种植收获游戏中,每一个悦活果农既是悦活品牌宣传的对象,种植的体验又加强了对品牌的印象。同时,他们在每一次的果实"销售"或果汁"赠送"的过程中,还成为二次品牌的传播者。也就是说,一个简单的游戏却让消费者发生了身份的转变,从广告的受众一下成为中粮的营销员。

悦活种植游戏中还设置了这样一个环节:每周从赠送过虚拟果汁的用户中随机抽取若干名,获得真实果汁的赠送权。把现实植入虚拟,再将虚拟变成现实,当中粮让悦活果汁从虚拟的游戏中走入现实生活时,开心网用户则经历了从消费对象转变为营销者,再变为真实的消费者的一个完整过程。

悦活的线上活动直接带动了线下的销售。很多消费者在购买悦活果汁时就能说出产地,这是因为种植游戏中设置了4个产地场景卡,代表了悦活果蔬汁的原料产地。不同的场景卡能让游戏中的果实提前成熟,用户因此对悦活产品的产地印象深刻。

2 280万名业余推销员在开心网上聚集,在休闲游戏的过程中,不经意地承担了中粮悦活的传播和营销任务,成为最庞大的场外营销团队,规模远远超过任何一个国家的军队。他们在这场名为游戏实为传播做嫁衣的集结活动中,趣味一致,步调方向也别无二心,在玩乐中挟裹着滚滚的商业尘嚣。

而中粮用最少的宣传预算——曾将一支拍好的广告片雪藏,在最短的时间内让一个全新的品牌获得最高的投资回报率。两个月内,中粮集团花费了大约150万元推广费用,但悦活的品牌提及率一下从零提到了50%多。消费者对悦活的购买兴趣则仅次于汇源的果汁产品,几个地区的销售额已经超过了2 000万元。

社交网络的多维化

互联网重新激发了人们身上的潜能,甚至是那些现实生活中最保守的一部分人,使得他们长期被现实社会压力和规则挤压及规范出来的单一属性，得到了一种释放。就像一朵被塑压出来的干花，阳光、空气和水分又重新回到了体内。

阿桂在现实生活中是一位能承受重压却不太懂得自我调适的人，好在传统的他并不刻板，互联网在不经意间唤醒了他的另一部分：基于原始的劳动价值的一种再认同。也许，阿桂在开心网上属于最不典型的一种，而他的价值观却在人类初始的地方呼应着现代人的一种典型情绪。

在互联网时代，当农耕文明成为城市白领的一种集体乡愁，并且又有人提供一种对症下药的虚拟替代品时，他们要实现聚集就不再是难事。而这次聚集不同于以往在专业分工和社会分工下的机构和企业式的募集，而是按兴趣、追求和情感甚至个性等个体的软指标的一种自然麇集。

人们不再是因为工作而被捆绑在一起，只要有一个特定的精神或情感环境，人们可以轻易地自发聚集起来，甚至可以不计报酬来协同完成一件事情。在新的交往和群体行为模式下，面临挑战和突破的首先是一些传统规则。

一直到现在，开心网仍然在"中国企业十大被封杀网站"中排名第一，它一出现就引发了无数争议。2009年4月，国内30位职业经理人或老板甚至成立了"反庐舍联盟"（英语 loser——"失败者"的音译），反对员工上班时间"不务正业"而对企业效率带来破坏。

在"反庐舍联盟"看来，这些城市白领虽然都有一定的经济和事业基础，但是他们不思进取，对待工作消极拖沓，整天沉迷于游戏以获得解脱，实际上却是一群城市丧家犬——典型的心理失败者。

"反庐舍联盟"代表着企业最正统的一种观念，然而从众包的角度看，上开心网的这些人却被中粮定义为乐活族。得与失，成与败，健康与病态，在这里突然变得互为反义和混沌起来。

"乐活族"由音译 LOHAS 而来，是英语"Lifestyles of Health and Sustainability"的缩写，最早由美国社会学者保罗·瑞恩与同事在《文化创意者——5 000万人如何改变世界》一书中提出。"乐活族"关爱地球，也关爱自己，追求健康生活形态，关注心灵成长，倾心于另类疗法等。谁说开心网不失为一次对城市白领的集体治疗呢？

开心网的风靡恰恰出现在这样一个转折点上：互联网正在使生活与工作的界

限变得越来越模糊。尤其在城市当中，人们的家庭生活和工作正在相互渗透。互联网加重了企业对员工生活边界的侵略性，很多人一直在试图划清家庭与工作的界限——"不要在家庭餐桌上谈工作"、"别在床上工作"，等等，但这些规则很容易被打破。同样，员工也很容易在工作时间稍带处理点个人或家庭的事情。比如，更新一下博客，聊聊天，甚至"种种菜"什么的。

企业作为一种建立在等级制度上的组织，一直拥有很强的"权力距离"（power distance）和"不确定性规避"（uncertainty avoidance）的文化传统。他们比较喜欢规章制度以及结构明确的环境，而非模糊与不确定。企业既想将自身的"权力距离"做最大化延伸，让工作渗透到员工生活当中去，又不想员工把生活带到工作中来，就需要制定一系列严格的规章制度，以加强上下级以及同事之间的信任。

互联网生来就是为了打破边界的，它的开放性正在一点点消解企业的"权力边界"。企业将不得不面临一个新的管理现状：传统的硬性规章制度效用越来越弱化，员工越来越不受管理层指挥，组织结构越来越松散。然而，这些并不表示群体的协同行动能力和创造力会减弱，而是需要企业从根本上转变员工的制度环境和评价体系。

其实，新加坡管理大学组织行为学教授陈辉云（Tan Hwee Hoon）、土耳其萨班哲大学（Sabanci University）的管理学教授瓦齐兹（S. Arzu Wasti）及伊赛（Selin Eser）共同研究发现，一些中国企业与西方社会相比，人们的工作与个人生活之间的界线并不是特别的明显，而这是因为中国企业更注重个人能力。在经历了十几年工业化的浪潮之后，中国企业的这些文化传统也基本已随之被洗礼了。当互联网时代到来的时候，中国企业再次感到了不适。

个人潜能是互联网发现的本世纪最大一个金矿。与其说是个人潜能，不如说是个人价值，它不再以单纯的专业能力作为衡量标准，也不再属于某一个固定的封闭系统的知识资产。人们愿意在互联网的新世界里，寻找和树立与现实世界不一样的纪律、法则，甚至包括信仰，这是因为互联网作为一个开放的系统，让人们获得了一种可能得以突破过去僵化组织制度对个人的束缚，得到全面的开发。每一个人都可能是多面多能的，互联网正在全方位地挖掘个人潜能，重塑个人价值体系。

有人因为玩开心网在现实工作中被老板解雇，但也有一种"网络钟点工"随着开心农场、抢车位等游戏的火爆孕育而生。一位已赚得"家产数十亿元"的网友，在开心网上已拥有自己的粉丝群，最近被一家房产公司聘请为在线营销顾问，而这已经为她带来了一笔额外的收入。

正是由于看重开心网用户群的价值，截至目前，已有新华社电视、SMG、壹基金、CCTV2、新浪头条、南方日报、时尚芭莎等50余家知名机构在开心网上建立了自己的"粉丝群"——企业的社区网络。

在可能的情况下，人们愿意甚至渴望聚集在一起改变世界。当现实的种种规则被打破之后，人们的联系和交往变得更加多维与立体，这种多维不仅仅是指媒介上的，更是指情感、思想或心理上的。只要发起任意一个主题，相同志趣的人们很容易发生啸聚，而这种重叠交错的多维聚合正是众包的组织基础。

最近，一种叫"闪玩"的休闲方式在中国年轻白领中盛行起来，并催生了新名词"闪友"。现代城市白领每天生活在巨大的压力之下，重复的忙碌生活导致身心疲劳，为了在有限的休闲时间和人际关系网里找到一种更为有效的休闲方式，他们希望通过在网上发起任意主题的活动，寻找更多有相同兴趣的人，结伴出玩。

中国第一个闪玩小组的创始人黎旭，最早是在网上寻找陌生人共同飞行到一个地方游玩，更多的是偏向旅游。黎旭今年25岁，当时从事的IT工作要求他经常乘飞机出差，因此在2008年11月29日在让网民寻找兴趣相投者的网络论坛"豆瓣网"上，发了一个帖子约人"同飞"，从而开创了"闪玩"。

黎旭说："我之前一年出差300天左右，一个月飞三四次很正常，所以看看能不能找到同伴。没想到如今这么火爆。"闪玩小组当时只有3个成员，如今已经有上千人愿意参与。其他网站和论坛也陆续出现闪玩小组。

网民的智慧永远不可小觑，他们善于改良，充分发挥聪明才智，这使得闪玩得到迅速推广。如今，闪玩的内容和方式已经大大丰富了，很多人早已开始通过各种网站和陌生人约好，一起出来娱乐、购物、参与环保或慈善活动，等等。打开豆瓣网的闪玩小组便可看到发的帖子，很多帖子都有大量跟帖，讨论游玩的具体事情。

虽然闪玩在一夜之间火爆了起来，但是闪玩的商机还远远没有被开发起来。其实，闪玩也可以是一个很好的众包平台。比如，一个农业种植基地可以在网上持续发起各种类似周末种植或收割的旅游活动，这样既可以找到一批批免费的劳动力，还可以进一步带动相关餐饮和农业观光产业。

众包商业在中国才刚刚开始，然而，众包的社会基础——社交网络已经越来越多维化和立体化。因为有了互联网工具的存在，人们甚至不需要依靠网上众多的社交网站，像闪玩一样，可以通过不断的主题创新或细致的挖掘，组建各种形式自由的社交网络。

这一切都需建立在个体或者大众的觉醒和全面发展之上。每个人除了拥有现实的社会身份外，还可以在网上同时拥有多个社交网络，每一个网络都代表个人一种不同的身份需求。然而，在最开始，每一种网络身份的确立实际上是个人的一次自我异化，也是一次对真实世界中的自我边缘化。

边缘化会带来新的迷失。集体的边缘化却可能产生新的交往和组织方式，个人、企业和社会将按照一种新的网络模式重新联系起来。在这种新的社会网络中，个体必然经历一次新的自我身份的确立和认同。与以往每一次时代转换对个人颠覆不同的是，这一次个体拥有比以往更多的主动权和选择权，所谓优胜劣汰会被重新定义，强与弱的生态竞争将加入新的规则。

知识的选择和生产网络

"信守着彼此的承诺/在暮色里/我们订下影子契约"，这是著名的"影子契约公会"的一段誓词。该公会由一批铁杆 Paladin 玩家发起建立，成员大多为分布在全球各地的一些华人网友，他们因为共同兴趣聚集在一起，经常转战于网上不同的热门游戏之间，目前已成为国内最强的一支虚拟游戏战队。

互联网在重新发掘个人价值的同时，也在重塑人际关系以及社会关系网络和生产模式。"荣誉即是吾命/我们从此聚在一起/共同防御/共同入侵"。从这段"影子契约公会"的宗旨中可以看出，这些甚至从未谋面的游戏玩家，与其说是因为兴趣走到了一起，不如说是为了一种共同的荣誉而集结。

该会的会长 Rabbit Chen 表示，整个团队在发展和成长过程中克服了重重困难，才形成了今天这种"更加类似现代社会的社会组织结构"。公会的成员与团队之间没有签订任何社会合同或者企业合同，这些规则对他们形成不了任何约束力。但是，成员与成员之间、成员与团队之间彼此信任，并紧密地联系在了一起，涌现出了超强的战斗力。

在美国连线杂志记者杰夫·豪《众包》一书里，那些因为共同的兴趣爱好而聚集在一起，或以个体的形式或以团体协作的方式自愿为某一种生产或研究贡献自己智慧的人，也被称为"影子劳力"（shadow workforce）。他们跟企业或机构没有固定契约，可以不像正常员工那样履行合同所规定的各种组织义务，但同样可以参与企业生产、营销及服务等组织的运营环节。影子劳力与传统组织的关系，可以说完全由个人的爱好、志趣——一种精神的价值力量来维系，它代替传统的契约，成为众包的价值基础。

张小花，现居内蒙古包头市。雌雄莫辨，江湖人称无性花妖，有白痴与天才结合体的美称。白痴的得名是因为高考数学小花只得了26分，天才是小花的自称。《史上第一混乱》在网上白领中掀起了新的追捧热潮。网友有评论曰：此书之于穿越小说相当于《鹿鼎记》之于武侠小说。

"张小花是哪一朵花"这是包头日报曾经一篇报道的题目，因为即使是同为包头的市民，连记者都不知道这张小花到底是何许人。然而，他的小说早已在起点中文网上掀起了一阵阅读风暴，很多人甚至为他在百度网上开设了一个专门的"张小花贴吧"，跟帖人无数。

《史上第一混乱》的题材在起点中文网上被归纳为一种穿越文，所谓穿越文是指时空变换。其基本要点是，主人公由于某种原因从其原本生活的年代离开、穿越时空，到了另一个时代，或到另一个星球、宇宙或其他次元等，在这个时空展开了一系列的活动。

穿越文是当下网络小说最热门题材的一种。《史上第一混乱》将古代帝王将相、才子佳人反穿越拉进了现代，描述了这些历史大佬在现代都市所发生的一系列啼笑皆非的故事以及一位小镇青年面对他们时的抓狂反应。小说采用在起点中文网上连载的方式，历经一年多，点击率连连翻升，在网上吸引了无数粉丝，并且引发了热烈的讨论。

现在，《史上第一混乱》不仅早已是起点中文网的上架小说，为作者带来了一笔不菲的收入，而且还已正式出版，此外小说的电视改编剧本也呼之欲出。

张小花只是作者的笔名，甚至可以说是一种自我戏称。他不是专业作家，喜欢码文字，如果按照传统的出版程序，几乎没有什么机会可以轮到他。

互联网改变了这一切。起点中文网是目前国内人气最旺，也是国内领先的原创文学门户网站，任何人只要在该网上申请作家，就可以开始上传新书。新书发布之后，一旦小说的点击率和推荐量超过一定标准，就可以上架。一般一部小说超过15 000或

18 000页面收藏就可以上架，具体数量依据题材不同，标准不一。

小说上架后可以参加月票评选，新人榜前10名拥有签约资格，一旦签约为VIP，此后发布的新章节就可以开始计算报酬，一般是每发1 000字VIP章节，一个人订阅就可得到一分钱。读者要想再往下读，就必须付费，网站和写手按一定比例分成。

张小花的小说最初就是选择在该网站发布的，由于点击率短时间内激增，他很快成为起点中文网的签约VIP。如今他已经在网上发布了四本小说，还有一本正在连载中。

张小花的浮出水面在某种程度上是互联网对传统出版模式变革的一种现象，随之同时浮现的是一种新的出版机制和模式。其中，作者与出版机构、作者与读者以及出版机构与读者之间的关系被重新塑造，从而在三者之间形成了一种新的关系网络。

起点中文网上所谓的签约VIP，完全是由市场也就是读者决定的，只要小说得到了读者认可，也只有这样，才有签约的机会，而且通常是按具体小说来签约，而不是按作者签约。

这种签约实际上是为了通过支付报酬鼓励作者继续写作而设置的一种支付合同，但是对双方尤其是作者没有实质的限制作用。网站编辑虽然在形式上代替了传统图书编辑的角色，但是，他们对于作者文字内容把关和审查的权力大大削弱。或者也可以说，互联网使得图书编辑正在把部分把关的权力转移到读者手中。因为互联网已经将文字的生产者和消费者直接联系在一起，读者的直接喜好决定一本书的出版命运。

在这种新的模式下，首先读者不再被动地去接受经出版机构审查和筛选之后印刷出来的出版物，读者有了更多的选择权；而作者与读者的关系更为密切，更多的时候，读者既是内容的生产者又是内容的消费者，尤为重要的是，当更多的小说网站开始扮演出版单位的角色之后，很多像张小花一样的业余作者可能从来没有受过相关专业教育，甚至也从没有过创作经验，却可以获得更多的出版机会。

张小花到底是哪一朵花，此时已无关紧要。只不过有一个人以张小花的名义穿越了自己，在起点网上表演，以一种有趣的方式去演绎那些历史名人，在娱乐自己的同时也娱乐了别人。而他与起点网的关系更像在演出一场皮影戏。有一个人在后台操控了一个叫张小花的替身皮影，起点网就是那张幕布以及周围的灯光和音乐。

因为演员又是编剧，甚至还是看客，所以这场戏什么时候能停下来，不再是合同说了算，而是由一些软因素决定。比如，兴趣，追求，学习的动力，人生的价值，等等，也就是说，更多的是来源于一种自身的内在激励。

随着更多像张小花一样的业余作者的群体性出现，更加强化了这种影子与幕布的关系。他们在网上聚集，每天上传大量文字，并且还愿意主动去改进他人的内容——作者在创作的过程中，几乎在每一个小章节后，都有许许多多的跟帖，读者很热心地提出自己的看法和建议，内容涉及语言修辞、桥段设计、结构调整等文学创作的各个方面。因此，某种程度上也可以说，其实每一部网络小说都是作者与读者共同完成的。

由起点中文网、红袖添香网和晋江网共同组成的"盛大文学系"，占国内原创文学市场份额的80%以上，已经成为大批网络写手"造梦"的天堂，据不完全统计，三大网站共拥有近70万作者。其中，起点中文网日页面点击率（PV）最高达3亿次，影响力波及海外，有30%的用户来自海外，分布在全球100多个国家和地区。

目前，盛大文学已经建立了完善的以创作、培养、销售为一体的电子在线出版机制，不仅为无数网络写手提供在线出版平台，还出售原创小说影视改编权和网络游戏改编权，售价几万元至几百万元不等。

起点中文网更是有每年出现年收入百万元以上作家10个，年收入10万元以上作家近百个。以起点中文网上的畅销小说《盘龙》为例，这一部作品为作者带来的收益便超过了400万元。2009年7月，杭州本土作家"南派三叔"的网络小说《盗墓笔记5》仅线下销量就占全国图书排行榜第二名。

越来越多的年轻人正在加入这个队伍，据估计，在校大学生已占网络写手总量的50%以上。在围绕盛大文学三大网站聚集的70万网络写手之中，虽然像张小花和"南派三叔"这样成功的人凤毛麟角，绝大多数人默默无闻，他们没有签约，也没有报酬，却因为共同的兴趣自发聚集在一起，并共同组建了一个文学的"梦工厂"。

各成员在写作和社交的过程中分享自己的作品，共享写作相关的经验和知识，在写作中学习，在学习中写作，共同完成小说的创作，并在此过程中形成了一种新的社交模式，也是一种全新的以社区为单位的生产模式。它所涌现出来的创造力和生产力，是传统出版模式下所难以想象的。

一些大的影视制作公司越来越明白如何将这种创造力转化成商品，利用它来赚钱。比如，有些公司利用一部电视剧的热播，公开在网上募集续集的剧本，这立马引发很多网络写手，甚至是一些从来没有参与过网络写作的人热情地参与剧本小说的撰写，这种剧本同样也是集合了众多网友共同参与意见的产物。随后，这些公司将在网上选出最优秀、最热门的剧本，并购买其改编版权。

这种通过网络社区众包购买版权的方式，与过去先签约作者购买版权完全不一样。前者已经经过了市场的前期选择，它可以摒弃后者因为脱离市场而带来的出版和改编风险，而且在选择剧本的过程中已经在网上做了预热，它实际上是一种变相的营销，从而保证投资者以最低的成本获得稳定的收益。

当互联网正在将创造的权力交回给大众时，其结果之一就是生产者和消费者之间的界线将越来越模糊。大众开始热衷于根据自己的喜好来娱乐并创造产品，而不是像过去一样只能被动地接受生产者生产出来的东西，这种动力正在一点点地改变着传统的产品设计、生产、推广、销售等生产链条上的每一个环节。而伴随它的将是企业可能从每一个生产环节中把权力一点点释放出来，转移到大众手中。

当前国内流行的真人电视秀也是一个非常典型的案例。让观众自己成为演员，而电视台提供一个基本的舞台和一些基本规则，这种关系就像互联网提供社交平台和不同兴趣主题，观众可以按照自己的喜好和特长进行独特而富有创造性的表演。

通过观众拉票环节，主办者挑选出最有人缘和明星潜质的人，再从网上了解和发现粉丝的喜恶偏向与群体特征，据此来对这些新秀进行针对性包装，围绕他们组织各种各样的营销方式。比如，开演唱会，拍影视剧，接拍广告，等等，从而打造一种全新的明星生产、包装和营销模式。

观众在自娱自乐的同时，有人成为演员，更多的人则属于演员的家人、朋友和粉丝，二者互为明星与市场的关系。其实商业价值在选秀的过程中就已经显现。所以，与其说是电视台制造出了明星这种产品，不如说是观众自发共同参与企划、营销，并最后造就了明星。电视台由始至终只是一个组织者，真正的生产者被电视台众包给了广大观众。

由于互联网媒体的第一属性，出版业、影视制作业以及娱乐业等成为这种变革的试水区，随着大众参与力度的加大和范围的越来越深、越来越广，渗透到各行各业当中去。

当网络社区开始具备足够的动机、活力和行动能力之后，意味着有可能从一种社交单位转变成为一种新的经济生产单位，一种新的社会经济生产模式便出现了。

网脑地图

在新的经济生产模式下，最具成本效益的原材料不再是钢筋水泥，而是人类创造性的劳动，这种资源极难衡量、组织和引导，此时网络社区出现了（出自《众包》）。

互联网好像一种特殊的显影剂，在它的作用下，以前被淹没在黑暗之中的个体智慧以各种不同形式的组织形态突然清晰地浮现出来。它们就像漂浮在互联网这个星球周围的一个个智慧的小行星，相互环绕着，形成了一个具有强大创新能量的新宇宙。

若一个系统无需外界指令而能自行组织、自行创生和自行演化，即自主地从无序走向有序，通常这被称为一种自然界复杂的自组织现象。在一个开放的网络社区中，人们同样无须通过合同形式，也可以自主发生关联，并在这个过程中相互交流学习并激发创新，产生集体协同和行动力，进行社会生产。此时，互联网不再是纯粹的一种技术工具，也不仅仅是数百万个网络和服务器的集合体，而是一种人脑的自组织联网。

互联网正在进化成一个具有生命特征的智慧型组织：网脑。更准确地说，互联网是一个孕育出了网脑的生态环境，是人类复制出的一个第二自然，而人脑与互联网的生态融合正在形成另外一种生命系统——知识的生命系统。

当人们以相同的志趣为界线在互联网上分割出一个个纵横交错的社交网络，个体的智慧就不再像散落在沙漠中的一粒粒黄金。网络社区以各种不同的兴趣爱好为线索，将这些散落的黄金穿上线，串在一起，形成一个遍及全球的巨大的黄金藏宝图，实际也是一个知识和智慧的网脑地图。谁能掌握着打开这张网脑地图的密钥，也就意味谁将获得进入全球知识生命系统——全球智库的秘密通道。

为了让一群知识精英能够合作无间，更好地发挥出创新力，微软曾花费了相当多的时间和精力建构起一套反应迅速的知识管理系统，微软的人员"知识地图"可以说是这套知识管理系统的最佳代表之一。这张"知识地图"是1995年10月开始制作的。当管理者想为新专案建立团队时，无须知道所有员工中谁符合工作条件，而只要向这个系统咨询就可以了。

同样，如果能建立一个基于整个互联网的知识管理系统——全球网脑地图，意味着这个知识的生命系统将能被真正地植入企业、研究机构等各种组织单位中去，而引爆它的威力将不亚于一场小型的核试验。

鉴于网络社区源源不断涌现的强大创新活力，一些企业或研究机构开始通过外部网络社区或建立自己的网络社区，借用网脑来强化甚至驱动内部创新。实际这是企业打造自身网脑地图的方式之一。

宝洁是利用众包引进开放式创新模式最早的企业之一。如今，宝洁的研究人员会为每一个新产品都成立一个社交网络，邀请顾客对他们的新产品提出意见。这种模式也正在被引入中国。

2009年3月26日，宝洁（中国）启动"联系+发展"中文网站，开列了它的创新需求清单，在中国广泛寻找创新资产合作伙伴。在该网站正式启动100天之后，近150个机构或个人希望成为宝洁的创新合作伙伴，他们通过网站向宝洁提交了创新方案，这些方案涉及产品、技术、商业模式、商标、包装及设计等。

如果说过去微软的成功是源于企业内部知识地图的非凡功效，那么，今天宝洁则成功地将知识地图应用延伸至互联网上，并正在围绕自身产品体系打造一个全球范围内的网脑地图。

杰夫·豪在《众包》里这样描述道："众包以全球的人才为基础。互联网消除了参与障碍，提供了一个获得大量智力资源的入口。"这些人才分布在全世界纵横交错的社区网络之中，然而，企业要想从中准确地找到相匹配的人才，意味着需要成立专人队伍每天去维护这些社区网络，甚至要有专人借助复杂的搜索工具查看上亿张的网页，其效果也无异于"大海捞针"。并不是每一个企业都拥有宝洁那样的实力，该公司除了大范围铺设网络社区外，还设立了专门的"创新侦察员"团队，从事人工网脑搜索任务。

当前，全球网脑无论是数量还是结构上都已足够充足和丰富，加上基于网络社区这种灵活的组织形式，使得它具备了一种类似水电气等自然能源一样自由流动的特性。如何为这种流动的生命物质建立更多细小分支的渠道，做到一种人工引流而不伤害人才的自主选择性，基于全社会的网脑地图管理系统，也是搜索系统的建立就显得非常必要。

实际网脑地图管理系统也是一种让智力资源与其他生产资源得到最佳配置的方法或工具。在这样一种知识管理模式下，不同的企业或机构甚至可以按需所取（on demand），按项目计酬，从而得到一种最佳成本配置。

当前国内外只有少数几家类似众包中介的网站在按照这种方法搭建社区网络，但是其局限性也显而易见。

国内威客理论的创始人刘峰正在试验性地探索尝试建立一种名为威客地图的网络知识索引体系。所谓威客地图 witmap 是 witkey map 的缩写，刘峰尝试通过互联网将人的地理位置、专业特长或兴趣、联系方式、威客空间（网络社区）这4个最重要的属性（不排除其他次要的属性如年龄、职业、性别等）聚合在一起从而形成关于人的搜索引擎。它实际上就是一种网脑地图。

威客最早也是源于维基百科这样一个当今全世界最大的开放式社会共享知识库。在国内，也有越来越多的人利用业余时间甚至专职在网上共享或出售自己的智慧、技能、经验等，帮助别人解决技术、工作、生活、学习等领域的问题，刘峰将这些人定义为威客。

2008年年初，21岁的郑伟贞从学校毕业后进入惠州一家网络公司，闲暇之余在网络兼职做悬赏任务，用"卖智力"的工作来赚取收益。

最初，他在网上看见有一个地区教育局在征集教育评卷系统设计，招标价格为800元。郑伟贞觉得任务难度不大，价格适中，值得一试。因为只能在工作之外的时间完成任务，他花了两天的时间提交了自己的作品。在40多个竞标作品中，郑伟贞的作品脱颖而出，获得任务发布者的认可，按照该网站对"悬赏任务"二八分账的规定，企业支付他640元酬劳，另外20%的收益归网站所得。

成功给了郑伟贞很大动力，让他开始尝试认真地做一名网络威客。现在网上的活计成了他的主要生活来源，在一些威客网站他每月大约能接七八个任务，赚取3 000元~4 000元不等的收益。

一份由清华大学媒介调查研究室和《中国青年报》联合对3 092人进行的调查显示：目前83.8%的城市员工想做兼职。而对近百名白领的问卷调查表明，"已有兼职工作"的占总人数的近20%，而有近75%的白领表示"没有兼职，但有兼职意愿"。

中国正在形成一个庞大的网络威客群体，他们围绕在各大社交网络周围，或者聚集在一些企业的网络社区上，还有一些游走在各社区边缘，随时可按各种兴趣主题进行闪电式聚合。

2006年以来，猪八戒威客网等中国互联网网站开始建立类似"威客地图"的应用，目前在已建立有超过100万名"人才地图"威客用户库。这一应用极大方便了中小企业通过地理位置、专业特长寻找合适的威客，来参与企业企划、产品设计等环节，补充或强化内部创新活力。

不过，目前国内威客地图所聚集的人才主要分布在创意和设计两大领域，人才结构丰富性不足，技术含量普遍不是很高，难度要求也有限。当然，其中原因非常复杂。

网脑地图与知识地图既有相同之处，又存在许多差异。知识地图是以图形方式来显示各种知识来源的储存地点、专家所在的位置、任务与知识的关系、知识与产品／服务的关系、知识的结构等。然而，网脑地图对人才的地理位置要求并不高，而且任务与知识的关系也不具有固定的匹配关系，越来越多的业余工作者正在参与科研或与自己专业完全不同的工作，在互联网上，人才与任务可以形成一种动态的选择关系。

每当夜幕降临，分散在世界各个角落的业余天文爱好者就开始活跃起来，他们用天文望远镜巡视着星光灿烂的夜空，期望发现星外来客。随着网络的发展，业余的天文爱好者也拥有了前所未有的机会，他们不是在自家后院里架一个望远镜来寻找未知的星球，而是可以接触到以前只有专业人士通过天文望远镜才能够获得的天文资料和专业的观测仪器。

天文观测数据浩如烟海，要及时对这些数据进行处理，工作量实在太大了。于是越来越多的科研机构想出一种经济可行的办法——招募业余爱好者利用个人电脑帮助处理数据。美国宇航局是最早对外开放资源，利用互联网众包吸引大量爱好者共同参与太空探索的政府机构，至今已取得了大量的研究数据。

我国网络协同科研也正进入一个快速发展的阶段，"天文学网络虚拟实验室示范"项目就是中国科学院协同工作环境研究中心负责对外开放的多个科研项目之一。

该实验室集成了以国家天文台兴隆观测基地的2.16米望远镜、上海天文台佘山观测基地的1.56米望远镜为代表的六台国内重要的天文望远镜资源，国内外天文科研、教育人员及广大天文爱好者提交在线观测申请之后，都有可能接触到这些过去只有极少的研究人员才能使用的资源。

不仅如此，天文学网络虚拟实验室还可以提供网络协同联合观测、数据管理和发布等支撑服务。通过望远镜协同观测平台，观测者可以同时使用隶属于不同观测基地的望远镜进行联合观测；当观测者在观测的过程中，可以在自己控制的协同工作组范围内实时共享观测成果，甚至还可以将控制权限临时移交给协同工作组中的其他成员。

2009年7月22日上午8时左右，我国长江中下游地区发生了本世纪持续时间最长的日全食奇观。中科院和国家自然基金委组织了系列日全食科学观测课题，在日全食期间进行光学、近红外及射电波段的多波段联合观测，研究太阳的色球、日冕物理性质、太阳系行星以及地球电离层和重力变化规律等。

知识地图只是针对企业内部开发起来的一种封闭式人才管理模式，而网脑地图则要求是全开放式的，不仅人才是开放的，而且知识与任务的选择也是多样性的，有的时候连企业或科研机构自己都不知道什么人才是最合适的问题"终结者"。

网脑地图管理系统的模型建设更为复杂，它要求具有动态的适应性和自主的选择性。对于模型建设者来讲，做到这两点非常难。互联网的流动性很大，但是倘若局部流动性若过大，更会伤害到社区的稳定和活力。如何吸引更多的人才并长期维护这种关系，搭建一个最佳的社区人才环境，就成为网脑地图管理模式最大的难题。

尽管如此，国内威客网站自身也在经历不断的进化和完善当中。随着众包市场越来越活跃，还为小企业创业提供了商业机会，一些个人甚至开始组团办起了威客企业。

2009年2月，刘应波和几个兴趣相投的朋友在一次聚会上谈到创业问题，他们有在企业担任策划总监的，也有做设计总监的，都有八年以上经验。于是，三人便决定开一间工作室，为企业提供设计业务。为了给工作室找业务，几位成员开始做起了威客。一个月内，三人共做了80个作品，分别投向不同的客户，其中中标五次，成功地赚到5 000元。

目前，在猪八戒威客地图中，像刘应波这样的工作室越来越多，目前在该网注册的工作室有160多万个。

另外，随着聚集的威客越来越多，在他们的威客空间里已经积累了大量的创意和设计产品，其中只有极少一部分通过甄选被企业买走了，大部分仍然被"雪藏"。其实，在这些落选的作品之中不乏优秀的设计，于是网站主办方开始从中挑选好的作品，统一制作出各色创意玩具、杯子等小商品，在网上销售。有了收入之后，还可以再与威客们进行分成，从而形成一个能充分挖掘众包价值的良性商业循环。

威客企业的出现意味着原先聚集网脑的虚拟社区开始在以一些微小的单位在现实中固化起来，成为实体企业，而网脑管理模式将有可能沿着另外一条路径发展起来，这就是企业基于众包战略组建的商业价值网络。

企业的众包网络

互联网在改变了社会经济生产模式之后，进而也将改变企业的本质。

信息技术的发展正在使企业发生深刻的变革，美国麻省理工学院管理学教授托马斯·马隆在《工作的未来》一书中写道："通信成本正在降低，积极性、创造力和灵活性以及其他化整为零所产生的收益创造了商业价值。""20世纪商业体制的主要内容是集权"，而现在，马隆和他的同事研究发现，在许多行业中，公司的平均规模在变小——这说明互联网带来的效率迅速降低了交易成本，因为企业通常用尽量减少交易成本的方式来设定组织的边界。

在钱德勒"有价值的知识本质上是稀缺的"的理念下，20世纪企业过分地强调集权与资源整合的重要性，从而使得企业规模发展得越来越大。基于网脑的知识生命系统的出现打破了过去企业对于知识资源管理集权的边界，让企业得以更多地通过借助外部力量来完成研发、生产、营销等各个环节上的工作，从而获得了一种不断变小的动力。

虽然企业的规模在变小，但是不再像几十年前一样企业与企业彼此之间没有联系。当企业开始筹划将更多的内部工作转移出去，通过网络社区的进行众包式创新和生产是一种方式，还有一种方式是，其他的一些企业也主动参与进来。比如，猪八戒网上的众多工作室，他们开始与客户建立一种创造性的合作关系。

后者与外包方式相似，但又有很大的不同。当A企业只是将生产制造环节转交给外部企业的时候，通常被定义为外包，而当该企业开始将内部更多的任务都外包出去，则意味在其周围将聚集更多的承包商。不仅如此，A企业还可以是B客户企业的承包商，而A的这些承包商同样也可以接受C客户企业的外包工作。另外，也不排除A和C、C和B都会直接发生关系，这种关系既有可能是纵向的，也有可能是横向的。这样一来，企业与企业之间就形成了一个多方位、多层面、动态选择、纵横交错的商业价值网络，是企业以社区形式发生的自组织，而这正是企业级的众包模式。

阿里巴巴电子商务服务平台在不断发展过程中，中小企业以会员身份，从初期的寻求商机、获得订单等单纯动机到深入的交流对话、协作分工、多方共赢等有组织地行动，正在经历不断的个体和群体进化。

阿里巴巴生产商和生产商之间发展出了多种的合作关系。有些企业成立了联合采购和联合生产联盟。虽然企业相对更受地域界限的影响，但是随着信息化水平的快速发展，目前这种联盟范围相对于传统企业集群的范围要更广泛一些，甚至有的扩展到全国。青岛航舰商贸有限公司在网上组建了一个手工航模联盟，主要成员是分布全国各地的航模生产商，由该公司来集中接单，再进行分包生产。

不仅如此，在生产商和中间商之间，客户企业和客户企业之间也已经形成了不同层面的协作关系，包括联合研发、联合采购、联合生产、联合物流、联合营销和客户服务等。

也就是说，通过阿里巴巴电子商务平台，从生产商到消费用户的各级企业之间在保持相对独立的条件下，各种角色之间可能发生价值链上某一环节的纵向和横向协作，并建立各种长期或者短期的复杂交叉的不同合作关系，从而形成了一种商业价值网络，也被称为网商生态系统。

在当前日益复杂的大环境中，中小企业只有顺应潮流，成为整个生态网络中的一环，才不会被很快淘汰。阿里巴巴通过一个简单易用的平台，帮助数十万家中小企业打破了来自实间、空间以及各种资源的限制，使它们以商业价值网络的形式实现了个体和群体的共同发展。

企业之间可以通过打造或借助第三方信息平台，实现各自信息系统的互联互通，并建立起可持续的业务合作通道，不仅能够在各成员企业之间迅速、连续地调配知识等各种生产资源，还能在最大范围内做到资源重组和最优协同。

阿里巴巴"人脉通"是一个可以为企业之间提供互通商机的平台，商家可以在此建立客服站，收集消费者的反馈信息，然后与价值网络中的其他成员企业分享，使大家可以根据最新市场变化来调配各自的资源，迅速调整生产或营销方案。

在当前的网络竞争环境下，企业越来越无法靠单打独拼而独活于天下，协作是主题。然而，基于商业价值网络之上的企业协作，与传统商业网络主要依靠资本或物质产品为驱动的企业合作不同，它更依赖于信息或知识的交互和共享，来驱动企业进行其他相关甚至是关键资源的互换和重组。因而，这种企业间以信息网络为神经系统的搭建起的商业价值网络，实际上也是一种企业间的以全球知识资源为主的资源管理体系。

互联网消除了企业对于传统边界的保护和统治，同时企业必须不断追求成本效率的最大化，二者迫使它们开始主动放弃对内部某些关键生产资源的控制权和所有权，转而去外部寻求能够提供现成资源的低成本供应方。这些所谓供应方，不管是网络社区组织，还是多个企业的价值网络，都必须满足一个条件，就是在劳动力组织方式和协同生产上，都必须比企业内部效率更高。

至于网络社区与企业价值网络哪种组织效率更高，可能要依具体情况不同而定。实际二者具有共同之处，网络社区是以个体用户为最小单元，而企业网络则是以企业为最小单元的网络社区，二者都是具有开放性特点的创新和生产组织，因而都需要企业建立一种基于全球的开放式知识管理系统，来管理分散在全球各地的知识工作者。这是企业实现众包战略的一把密钥。

企业搭建的商业价值网络既是一种知识管理模式，又是一种企业的价值体系。如果说基于个体的网络社区众包是建立在全新的个人价值体系（人与人之间的利益关系、评价体系、生命意义）基础之上，同样基于企业的网络社区众包，需要建立与过去供应链或价值链完全不同的企业价值体系：商业价值网络（生存）。它包括企业与企业之间的利益关系，集体利益的共识与协调以及利益的重组和分配，等等。

这一切都是在众包模式下所要改变和重新建立的。

第 二 章　从外包到众包

当企业开始通过借用外部资源来帮助完成内部工作的时候，现实的平衡重新被打破了。平衡中蕴藏的是一切秩序和秩序结构。在经济学领域里，对应于秩序和秩序结构，前者可以是生产关系和生产模式，后者则可以被看成企业组织。

何谓解构，只有用游戏规则来打破游戏规则自身，才能算得上解构。798解构了谁，798解构了798自己。只有用工业主义的元素来进行新的设计和建构，比如利用工业手套、螺丝钉或者废弃部件等，来设计时尚外衣，通过时尚理念的包装，使其获得一种新的内涵，从而才能构成对工业的全新阐释。

解构是人类最擅长玩的一种智力游戏：通过从来的路上，原路返回，来获得一种新的提高。尽管如此，但永远都没有人知道未来到底通往什么地方。

798实际上是工业时代留下的一套工厂厂房，在那个以厂房和机器来衡量一个企业实力的年代，厂房等实物资本可以直接被看成是一个企业的象征。如果说是798

解构了798自己，那么也可以说，工业企业解构了工业企业自身。

这样一种推断很容易被当做是一种语言游戏，然而，一种象征意义往往真的预示着某种未来。

798被外包了吗？

众包（crowdsourcing）的字面意义可以直接被解释成"从大众那里寻找资源"，这里的"大众"既可以指个体的大众，也可以是企业组成的大众。其实，同样是从外部寻求资源，外包作为一种资源配置方式和一种商业模式，由来已久。从外包到众包，从字源意义上可以看出二者之间存在着不可分割的渊源，但是又不完全重合，不仅经历了漫长的演变历程，本质上更意味着深层组织形态和生产方式的一种变革。

纵观人类商品经济的历史不难发现，外包一直以来都是一个商业的主题。如果把"缘聚缘散"换成"源聚源散"正好可以很好地概括外包的历史发展特征。最初，家庭作坊式的外包导致了资源以企业形式发生聚合，后来伴随着企业逐个生产环节的外包又形成了资源的网络式分布。在这个过程中，企业产生了，企业又在逐渐地被分解。

一个制鞋工业的发展史折射出了整个外包史的演变进程。从中随意撷取两个不同时代的镜像，可以发现历史原来包含着一种朴素的智慧：在不断的自我验证中。

2009年7月的一天，沈阳市东陵区鞋业园里永康鞋业公司老板魏振康颇为郁闷，这源于一笔200余万元的订单。2008年以来，由于受金融危机影响，本该是旺季的生产期也因为订单减少显得冷清，魏振康只得把招上来的员工"劝退"回家。可是没想到如今订单突至，这让他措手不及。

魏振康的郁闷甚至可以穿越历史和地域限制，大约在1809年的某天，一些美国本土的商人也陷入了同样一种郁闷。他们刚刚从西印度群岛和美国西部的几个城市获得几笔大的鞋单，然而同样也面临生产力不足的难题。历史相隔200年，然而分别处在今日中国和昔日美国的两种商人却都采用了同样一种古老的方式来组织生产。

魏振康在某媒体上刊登了一则家庭代加工的广告：提供原料，做简单加工，定期收货。两个月过后，魏振康外包加工取得了预期的效果，不但提前完成了订单要求的数量，还大幅度地降低了企业的成本。魏振康粗略地算了一笔账，每件货品支付的收购价为0.6元，1 000件货品为一个单位，如果是企业招聘的临时员工做至少需要1个半月，企业为此支付的酬劳就要达到8 000元，劳动力成本下降25%。

从18世纪晚期到19世纪40年代，供应西印度群岛市场，以后又供应南部和西部市场的鞋子都是在家庭里或农场里制造的。……随着19世纪20年代需求的增加，外包商试图设立一种"中心工场"以便更有效率地管理和协调生产。在中心工场里，皮革被切成鞋底用皮和鞋面用皮。后者被送出去给外包工人加工，做好的鞋面被送回工场，再和鞋底一起送出去给另外的工人，由他们最后完成整只鞋子（艾尔弗雷德·D. 钱德勒，《看得见的手》，1987，中译本）。

通过利用家庭作坊式外包，魏振康的企业获得了最大的成本效益，同样，16~18世纪欧美制鞋业手工工场通过外包给家庭作坊得到了空前的发展和壮大。历史在换了一个人物、时间和地点之后又重演了，但是，显然剧本不会完全一样了，二者虽同为外包，然而大环境的截然不同却预示着二者不同的发展方向与前景。

其实，家庭作坊式外包还可以追溯到更早。大约在14世纪，在欧洲的佛兰德和意大利等商业活动发达地区，一些商人就已开始通过向家庭作坊提供原料进行加工生产，然后收取成品转向市场销售，来获取更大的利润。

到了19世纪初，美国的家庭作坊式外包逐渐从以家庭为生产单位向以手工工场为生产单位演变。根据钱德勒的描述，当时已经出现了一些手工"中心工场"，由于分工越来越细，它们将一双鞋子分成若干工序分别外包给更分散的手工工场。这些手工"中心工场"是在早期的外包过程中产生的最早的一种全新组织雏形——企业。然而，最早的外包也正是在企业出现之后，开始陷入停顿的发展时期。

为了进一步加强对手工业者的控制，手工工场开始不仅供应手工业生产的原料如羊毛，而且还供应生产工具如纺机等。它们甚至将这些劳动者集中在大型作坊中，在集中组织与管理下，进行生产和销售。企业作为一种生产单位的功能日渐突出和放大。

18世纪的英国工业大革命，机器的产生使得大规模制造成为可能，企业作为一种生产组织方式，为了追求利益的最大化，开始从内部扩张，实现内部纵向的一体化。所谓内部纵向一体化，恰恰与外包方式完全相反，它将生产与原料供应、产品销售等各个环节全部内部化，向后将公司的经营活动扩展到原材料供应，向前扩展到销售终端，形成一种联合作战的战略体系。其目的是加强核心企业对原材料供应、产品制造、分销和销售全过程的控制,使企业能在市场竞争中掌握主动,从而达到增加各个业务活动阶段利润的目的。

1913年之前,福特公司基本上还只从事组装,从道奇兄弟公司购买发动机和底盘,再向其他公司订购零部件,然后组装成一辆完整的汽车。到了1915年,福特已经把几乎所有上述生产功能都纳入公司内部,实现了生产的高度纵向一体化。到1926年,福特公司的功能不仅包括汽车总体设计、工程设计和组装,而且包括几乎所有零部件的生产。

然而,生产的高度一体化在带来规模经济效益的同时,也产生了因为内部协调难度增加而带来的高昂组织管理成本。不仅如此,企业往往还会因为前期投入过大会出现成本的沉没效应,当市场需求发生新的变动时,放弃前期投入代价过高,而无法将资源调往更有价值的地方。

在经历了企业的无节制扩张和众多巨无霸企业相继消亡之后,上世纪80年代,企业开始在全球范围内寻找成本更低廉的代工厂,并且逐步将内部的一些重要但非核心的业务环节外部化,将这些业务职能交给外部的承包商去做。

此时,外包大规模地卷土重来了,然而,与早期的家庭作坊式外包相比,已经发生了新的变化。在以家庭作坊为外包单位的模式下,作为发包方的手工工场只是承担原材料供给和成品销售的职能,核心技术甚至生产工具仍然被家庭个体手工业者掌握着。与其说是手工工场外包给了家庭,不如说是家庭将原材料供应和销售外包给了手工工场,所以二者相互间仍然保持相对独立或并行的关系。而在大规模生产的外包模式下,所有的承包商与发包商是一种众星拱月的依附关系,周边的生产只有围绕一个核心才能产生价值。

外包是在一种交易的方式下完成的组织行为,伴随着企业的产生而来的,所以也必然带有鲜明的企业特征。企业是什么,企业意味着具有既定界线、概念、范畴、等级制度等一切固有的确定性,外包也有。

外包在美国经历了近200年的发展和演变之后,到了20世纪八九十年代,美国制鞋企业的组织形态更为全球化,同时也更为集权化。

耐克在海外有900多个独立生产的代工工厂,其中分布在亚洲共有640家,尤其是中国的合作工厂最多,在180家左右。耐克始终控制设计和制鞋工艺等核心环节,并对从原材料、半成品和成品的生产、供应销售到最终消费者的整个过程中实施统一协调管理。

耐克对上下游供应商要求严格，通常由公司确定鞋型、鞋底、鞋面的设计和材质，并负责开发模具，然后按照要求采购原材料，在判断原材料的供应风险、复杂性以及市场需求的变化后，定期统一调整和确定策略，通过协调投入环节来降低整体交易成本和生产成本，指导供应链企业的管理工作。为了能保证大规模生产的需要和销售的稳定性，耐克必须调节整个供应链上的各个企业能够保持各方利益协调一致，同时能够提升整体的反应和适应能力。实际这是企业内部纵向一体化的一种外部延伸。

一般来讲，是耐克与零部件加工企业为了一种最终产品而建立的长期交易关系。在这种外包合作模式下，以耐克为组织协调中心，代工企业则隶属于核心生产组织。其中，耐克具有较强实力，较大规模以及众多市场选择；而代工企业只是整个产业链中极小一部分，一般而言，规模较小，市场控制力较弱，市场选择的空间也相对较小。

当历史再演进到21世纪，回到当前正在中国发生的小规模的家庭作坊式外包，再将它与大规模生产下的耐克模式相比，显然又重新换了一个语境。

事实上，在经历了几十年的发展之后，耐克自身也在不断经历模式的调整和组织的变革。2009年年初，继关闭在华唯一自有鞋厂后，为简化供应链，耐克将停止对亚洲四家运动鞋代工厂下单。此外，耐克也将终止与数家亚洲服饰代工厂的合作关系。原因在于，近几年来，耐克一方面提高了鞋的技术和工艺，同时增加了定制的比例，有意缩短了销售周期。

为了缩短供应链，耐克一种款式的运动鞋的销售期较以往减少了一半以上。以前是每半个月下一次订单，现在变成每星期下一次订单；鞋型的生命周期由以往的5～6个月缩短到3个月左右。

另外，耐克最近更新了为顾客提供个性化服务的网站：nikeid.com，在这个网站上，消费者可以自己动手做鞋子。消费者可以自由选择喜欢的颜色、鞋型，然后由耐克设计师根据每个人独特的风格做出一双独一无二的鞋子，最后还可以在鞋上面写上消费者自己的名字。

所有这些举动，意味着耐克正在从过去的大规模生产向小规模多品种的定制转型，在新的商业模式下，企业需要重新塑造与外部承包商之间的生产和利益关系。

这正是当前国内小规模家庭作坊式外包再次升温的一个新环境。在这种环境下，大规模的代工企业生存压力越来越大，反而是像魏振康这种小企业老板因为具有更低的成本和技术优势以及灵活的生产能力，可以更敏捷地应对市场需求变化。

近年来，中小企业出于压缩成本的要求，外包加工的领域逐渐扩大，技术要求也越来越高，由以往的"不需设备"的糊纸箱、贴金纸、编织、剪线头、串珠子、贴标签，到现在的针织、服装加工、缝伞、刺绣、穿花和品检等产业。一些原本只有在专业厂房才能完成的工艺，也进入了寻常百姓家。

外包正在经历着一场新变革。处于外包价值链中的核心企业正在逐渐将研发设计和工艺的掌控权一点点下放和转移到离市场更近的环节。比如，代工企业，甚至是消费者。从采购、生产制造到研发，工业一点一点地交出了对企业以及产业的塑造权和话语权，一切都在等待着被重塑。

虽然798只剩下一个形式，它的一切工业内核全部被掏空了，但是现在却仍然具有生产力，仍然在创造经济效益。798的象征意义远不止于对传统工业进行形式上的解构，它还在建构，通过全部更换一套全新的生产资源，构建了一套新的生产力。或者也可以说，798被外包给了一群以创意、设计为主的生产者，他们在798这种工业的形式上构建了一个完全不同的业态环境。

798不存在了，798仍然存在着。不过，它已经从一种物质的存在变成了萨特式的存在。

工具路径

2008年，原本的一场文化事件被企业巧妙借用，变成了一种商业资源，这就是李宁囧鞋的推出。

"囧"读音jiong，原本只是一个沉睡多年的生僻字，寓"光明"之义，由于字形像一张哭泣的脸，被赋予多层意义。有人把它称为"21世纪最牛的一个字"，并因此发展为一种奇特的网络文化。

李宁公司适时地抓住了这个热门的文化现象，将"囧"字印到运动鞋上，一时间引起网民疯狂热议，随后传统媒体也加入报道，关注李宁囧鞋的人像滚雪球一样越来越多。自推出短短两个月时间，就收到8万多双囧鞋订单，卖到断货。

后来，李宁公司自己总结原因，发现"囧"鞋其实完全是靠自身网络病毒传播的特性流行起来的。就像网络上的病毒一样，自己繁殖扩散，只不过这次完全是网友充当了病毒的角色。

在李宁囧鞋的案例中，网友再次自发地成了一个商业品牌的志愿营销者，其参与人数之多，传播速度之快，就像病毒传播一样，基本上是以席卷之势覆没了华文互联网所到之处的每一个角落。

制造业属于典型的工业经济，互联网却为它注入一种"软生产"——创意经济的活力。囧鞋的设计思想来源于互联网，而它的营销更是网友的集体佳作，是一个典型的企业众包事件。在这个过程中，消费者取得了一场绝对的胜利，完全颠覆了传统制鞋业由核心企业掌控鞋的设计话语权的模式，成为一种产品的主导者。而就囧鞋单个产品而言，李宁公司原本就已经将生产外包，现在作为设计和营销者的职能也得到弱化，因而只保留一种更类似生产组织者和品牌创建者的角色。

互联网使得生产者可以直接面对消费者，发生面对面的互动关系。二者关系也从以前的间接互为交易对象的市场关系，变成了网络环境下的互为生产资源的一种生产关系。因而，既可以说是李宁借用了大众的创意和营销能力，实际也可以说成是大众借用了李宁这个品牌来生产出了更符合自身喜好和需求的一款产品。

生产正在进入一个民主化的阶段。而生产民主化的背后正是市场话语权的转移。从历史上来看，每一次技术的变革都会带来市场话语权的转移，并随之产生新的生产关系变革。

伴随着话语权从家庭作坊到手工工场到企业再回到消费者的一种历史性的传递，外包经历了从最初的家庭作坊式外包到机器大规模生产下的供应链外包，发展到了现在网络式众包。在这种生产关系变迁的背后始终埋伏着一条动力主线，即科技和生产工具的进步。从外包到众包，科技变革不停地推动企业在各个方面实施变革，改变和重塑着自身的生存状态。

从技术的角度来看，最初的家庭作坊外包制的技术基础是手工技术，一旦生产技术取得了突破性进步，外包制便失去了存在的基础。钱德勒认为，外包制 (subcontracting) 或分包制在机器工业产生之后便消失了。19世纪上半叶是一个生产方式过渡时期，也是一个激烈变革的时期，以个人和家庭为单位的生产逐渐被机器工厂所取代。

在机器生产代替个人手工生产之后，机器很容易实现标准化＋流水线式的大规模生产，使得企业可以最大限度地进行外部资源内部化的整合，而且标准化也为企业带来了管理上的低成本，因而企业的规模越来越大，到20世纪中叶的时候，出现了一些世界级的巨无霸企业。

从20世纪70年代，多样化和快速发展的市场环境开始不断冲击着大规模生产模式，并使其走向衰落。大规模生产模式仅仅适应于单一的市场环境，企业销售部门的目标是"向统一的市场销售低成本的标准化产品"，因此，销售部门实际上是为企业生产服务的而不是为消费者服务的，当外部环境发生变化时，挑战也随之而来。

此时，进入了信息技术的变革时代。上世纪八九十年代，IT技术越来越深入企业的核心业务，并深刻地影响企业的商业管理模式。

信息技术尤其是互联网技术的使用，改变了传统上的地理概念，使得分处在全球两极的人可以像在同一个办公室里一样，进行无障碍的交流，沟通成本也相差无几。企业可以充分利用信息技术，在全球范围内追求最低廉的劳动力，把生产分包到世界各地去。许多从前无法异地协作或分工共同完成的工作在现在可以很轻易地进行。一位美国的经理可以通过电子邮件、视频会议、即时通信软件等技术平台，与中国的伙伴进行无障碍的沟通，直接参与生产管理的指导和协调工作。

在生产代工的鼎盛时期，当你走在位于广州花都西北部狮岭的街上时，随处可见悬挂着公司招牌的皮具厂及经营原辅料生意的商户。在这样一个弹丸之地，聚集了6 000多家皮具生产型企业及11 000多家经营商户。这些小厂曾创造出了超100亿元的年产值（《中国经营报》）。

20世纪80年代以后，信息技术的应用进一步缩短了企业收集市场反馈的链条。需求信息传递带来的越来越及时的直接效应便是，市场声音能够得到更为个性化和多样化的体现，产品的生命周期越来越短，新的市场进入者越来越多，竞争不确定因素也越来越多。

与此同时，制造业产品的边际效益也在经历不断下降的过程，一些企业已经开始意识到仅靠自己的资源和能力不足以适应快速变化，它们开始尝试只保留那些最核心也是能产生最大利润的业务，而将更多效益低的生产环节外包给其他合作伙伴，通过提升与外部的合作，来加强自身的竞争力和防御力。

20世纪90年代以来，西方发达国家越来越多的企业将原来企业内部的许多功能外包给专业化的生产厂商，而专注于自己更擅长的部分。过去完全竞争的观念开始逐渐被一种所谓竞合——协调竞争的观念所取代，企业更加强调相互信任、相互合作与协调。

此时，欧美企业进入全面信息化阶段，一方面利用信息技术来实现对内部流程的再造，通过加强内部的各个部门之间准确、及时的信息传递和共享，进一步降低内部协调成本；另一方面花大力对整个供应链的信息化进行整合，建立了高效、一体化的供应链体系，以最终强化与外部供应商、销售商和物流企业等之间的协同能力。现代企业的竞争开始进入供应链与供应链之间的竞争。

可口可乐的信息网络遍布全球，就像张开的一张巨大蜘蛛网，而中心对于每一个最细微的触角都能保持高度的敏感。这不仅仅得益于内部强大的信息系统，更离不开与无数零售商之间良好的信息互动。

可口可乐与沃尔玛之间建立了一个共享的公共平台，全球任何一家沃尔玛分店卖掉一听可口可乐，通过收款机时刷一下条码，90秒之后这个数据就会传到可口可乐公司。可口可乐的总部设有一个大屏幕，上面的数字每一分每一秒都在变动，全世界每一个角落只要卖出一瓶可乐，这里都可以有所反应。

另外，可口可乐给每位销售员配备了手持设备，这意味着哪怕是在中国一个偏远的乡村小店，每天的进出货量都可以及时地传送到公司的数据中心。

正是因为这个超强的信息收集网络，使得可口可乐的决策层可以根据适时的市场需求变化，而及时地调整背后一系列采购、生产以及销售策略。

瑞克曼认为，"过去，改善组织生产力的机会来源于重新思考部门之间的关系，但是，现在或未来的机会可能已转变为重新思考企业间的合作关系"。

著名管理大师彼得·德鲁克 (Peter Drucker) 曾指出，"任何企业中仅做后台支持而不创造营业额的工作都应该外包出去，任何不提供高级发展机会的业务与活动也应该采取外包的形式。企业的最终目的不外乎最优化地利用已有的生产、管理和财务资源"。

企业为了更好地集中经营自己的核心竞争力，同时又能与供应链合作企业保持高度的协同灵活性，在过去几年之间，一些如外包、战略联盟等合作形式被频繁地使用，同时产生了一种新型的组织创新形式——"企业外部网络"。所谓企业外部网络，实际是企业之间相互结成的一种战略联盟，是一群在某种技术基础上形成协作的公司，以一种网络化的方式整合外部资源。

企业战略联盟的形式多种多样，包括合资方式，甚至通过签订购买协议的方式，企业与企业之间基本保持一种长期稳定的关系，实质上仍是企业实现外部纵向一体化的一种途径。它既可以维持大规模生产的低成本结构，同时又能最大限度地提高对市场需求反应的灵活性。

戴尔公司的大规模定制是这种模式的一个典型。消费者可以通过电话或网络直接下订单，戴尔接到订货信息，通过信息系统在最短时间内传递给供应商和生产装配部门，供应商在一小时内将配件运送到装配车间，36小时后，根据客户订单装配的计算机就装配完成，发货直接递送到消费者手中。为保证定制化战略的成功，需要维持供应链的完全畅通，无论是客户定制选择的信息传递慢，还是供应链断裂，都可能引起成本的增加或客户的丢失，最终可能导致战略的失败。

戴尔的供应链管理原则就是打造和合作伙伴之间强势的战略结盟。戴尔在全球有两三百家供应伙伴商，但是，和这些商业伙伴都有长期的合作关系。同时戴尔很注重对它们的培训。比如，要求它们都要采用六个西格玛或者类似的管理方法等。此外，戴尔和其中的一些伙伴商之间还有关于研发的合作。所有这些有助于控制供应商的交货时间和产品品质以及控制总体成本，最终目的都是保证与供应链友商维持长期的合作与发展关系。

大规模定制与大规模生产一个转折性的变化，便是通过从外部寻求合作资源，既能维持低成本的规模经济，又能灵活匹配需求进行精益化生产。然而，所谓的按单定制仍然建立在标准化生产线基础上，体现在标准化的零配件、流水线式生产，尤其是创新的集中化。每条供应链都是围绕一到两个核心企业而建立起来的共生群体，这样的外包关系不同于简单的买卖，更换合作伙伴的代价非常高。有人士笑称，解除外包合作关系甚至比在罗马解除婚约更难。

互联网不仅带来了生产的民主化，也把更多的创新机会从中心转移到终端的无数个网络节点上，每个人都有一个平等表达自我需求和意见的公共平台，因而每个人也都有可能成为一个创新的原点。菲利普·科特勒在《想象未来的市场》中指出，未来"市场经营者将把注意力从集中于大的群体转移到寻找特殊的、合适的目标。在这些目标所在处，就有财富存在"。

大规模定制模式，只能通过大规模、批量化生产才能达到最低成本和最大效益，然而，一旦市场出现的小规模、个性化多品种的需求，不仅降低不了成本，捆绑式的上下游关系反而给生产、组装和相关配套企业带来了许多不应有的麻烦，最终导致成本的增加。此时，基于企业间长期契约关系的纵向一体化外包模式再次面临新挑战。

为了更灵活地满足市场小规模和个性化的需求变化，很多大企业开始利用自身或公共的网络平台在全球范围内寻找更低廉而生产灵敏度更高的供应商。

长虹集团作为我国最大的电子设备生产厂商，信息化建设相对较早，从上世纪90年代末开始着重消除内部信息孤岛，建立统一信息网络，并在此基础上开发了一个网上招标系统。

2005年3月，当时国际石油翻番涨价，导致长虹供应商要求对塑料包装随之提价一倍。如果在过去，通常长虹只能被动接受，因为临时更换供应商有可能导致比成本增加更为严重的后果。经过长虹物质部和软件开发部共同商量，决定开始紧急启动在线招标系统。没想到不到两个小时，物质部部长便在网上亲自谈成了一家供应商，该供应商提供的塑料口袋不仅没有涨价，反而价格降低了好几个百分点。

互联网就像为长虹临时组建了一个全球的招商会场，更多的具有外包能力的中小供应商成为新的加入者，从而在塑料包装袋这一小产品环节上提供了丰富的外包资源。

在这个过程中推动企业开展更灵活的外包方式的是背后软件技术的"模块化"以及电子商务的发展。大约从2000年开始，由于制造、金融、会计、医疗及工程设计等领域的软件开发取得重大突破，企业得以分解那些极其复杂的工作任务。将各种业务拆解成多个"业务组件"，交给许许多多专业团队分头实施，通过电子商务方式进行外部资源协调，最终在某个地方完成组装。

随着越来越多的中小企业对互联网的应用更为深入，意味着企业选择上下游伙伴商的范围扩大，可以采取更为灵活的方式去匹配外部资源。外部资源选择机会的大量增加，使得企业与外部合作网络的关系正在从原来的长期契约向短期协议关系转变，有的合作关系甚至随着一次交易的结束而终结。

企业可以对外包商进行动态选择。随着企业把业务单元不断地细分和外包，围绕企业的上下游便形成了一个庞大的纵横交错的外包网络。基于互联网的动态的企业众包网络由此形成。

商业模式路径

众包是互联网技术变革下的产物，是企业借助互联网实现生产资源最佳配置达到最佳成本组合的一种商业模式。

它的意义不仅在于把一条供应链上的企业从以前捆绑式的外包合同中解放出来，让彼此都有了更多的选择，一个企业可以同时加入更多不同的供应链，而且帮助企业逐渐摆脱过去简单粗放式的生产制造外包，实现一种精益外包。

所谓精益外包除了指在单个业务项目上实现最佳成本效益外，更可以是企业在多个业务组件中达到更精确的整体资源管理效益。企业可以把每一个成本中心分解成多个最小的成本单元，或者把大型复杂业务分成多个小部分，进行分片外包，比如运行税务程序、分析企业数据等，甚至连研发、人力资源管理等过去属于企业的核心管理环节，也可以外包出去进行虚拟化生产。

实际上，企业并不一直只停留在生产制造环节上的外包。企业最初选择外包的动机可以说是纯粹建立在不断追求低成本基础上，随着最终产品的边际效益日渐降低，企业开始把除了生产制造外的其他中间环节逐渐放开，转向外部配置资源。当然，一开始成本仍然是导致企业发生转变的主要因素，但是，在企业完成各个运营环节的低成本化改造之后，接下来面临的挑战就是如何在外部协作的环境中提升自身特有的核心竞争力。

实际上外包的动机经历了从最初的降低成本逐步过渡到提高或者重塑核心竞争力的发展过程。这是从外包发展过程中一个关键性的转折点——战略外包。

从粗放式外包到精益外包，从追求低成本的外包到战略外包，企业在发展外包的过程中，不断将外包范围从外围业务向核心业务推进。与此同时，外包也在促进企业不断实现内部的自我重组，这种变革的方向必然指向复杂的多维外包，即众包。

企业追求低成本的过程也是一个不断实施和推进标准化的过程，标准化意味着是可以被代替的，因而它既是企业实现外包的一个重要前提，也是企业失去一种核心竞争力的过程。

工业革命时代，一个企业的核心竞争力是围绕生产机器而组建起来的，而最先标准化的也是机器生产技术。伴随着生产技术、生产工序和流程的标准化，企业开始追求组织管理的科学化。科学管理就是管理流程局部的标准化。整个20世纪上半叶为信息技术的变革到来做好了充足的准备。

上世纪80年代以后,企业把之前标准化改造的成果通过一种信息技术语言加以固化和强化,并随着这种信息技术标准化改造的进程,逐步实现各个业务环节的剥离或外包。

最开始外包是终端产品的制造环节。一些发达国家大型制造企业不再包揽生产的所有阶段,而是把生产阶段分解到不同企业,许多欧美企业逐渐把产业链中劳动密集型、技术含量低、附加值低的部分转移到发展中国家和地区。

上世纪90年代随着IT普及应用以及国际分工的演进,外包逐渐深入中间产品的各个业务环节,甚至是管理环节,集中表现在外包的范围开始从传统低端的劳动密集型产品升级到高端技术密集型产品或者知识密集型产品。越来越多的欧美医院、会计公司、金融机构开始发现,通过信息网络技术可以把各个分散业务环节外包给一些专门专业培训的全球各地公司,与它们协同工作。

此时,外包已经从初级阶段发展进入一个战略外包的阶段。所谓战略外包是指企业已将外包上升为一种管理策略,从战略的角度出发,将一些易于标准化的非核心业务转移到企业之外,使企业将有限的资源使用在那些期望取得长期成功,创造出独特价值,或者能使企业成为行业领先者的核心业务领域。

每一次外包都是一种核心竞争力的转移和另一种核心竞争力的重新改造过程。核心竞争力可以为企业实现利益的最大化,以IT企业为例,早期企业的竞争力主要体现在PC机、服务器等这些硬件产品上,后来这些硬件产品的利润越来越薄,企业又把核心竞争力转移到软件上,而软件免费以后,现在围绕开放软件平台打造的各种增值服务被看成是企业发掘出的一个新大陆。

企业通过外包不断重塑自身的核心竞争力,在这个过程中,企业自身也经历了重大转型和升级。IBM是一个企业从硬变软的典型转型案例。上世纪60年代,IBM还仅有5%的产品由别人制造,到了上世纪末的时候交由外部代工的比例越来越大了。作为大型终端机的发明者,PC等硬件产品曾经是IBM最坚实的生命,然而,随着硬件的利润越来越不如软件,2004年IBM果决地将硬件业务部分一刀切,转手给了联想。

将外包发展至了极端就是做彻底的剥离。IBM从准备剥离硬件业务到重塑核心竞争力的转型期,花了近十年时间。从上世纪末开始,IBM重点经营软件和相关服务业务，在世界各国承接软件订单，然后在自己的软件工厂制作或分包给供应商。

研发外包又是知识密集型产品外包的升级，是经济全球化的新发展。大企业研发机构由过去从基础研究到新产品原型研制无所不为转变为侧重高端应用研发。基础研究转交给大学，大量一般性的研发项目外包给亚洲低工资国家（地区）。这样既可降低企业成本，又集中优势资源用于核心能力的创新。

惠普、思科系统、戴尔、摩托罗拉等越来越多的企业已把一部分研发任务外包给研发专业公司，尤其是外包给具备条件的低工资国家。连一向包揽移动电话全部零部件研发与制造的诺基亚也改变了观点，将外围技术分从为核心技术中分离出来进行外包。惠普由于把硬件设计外包给台湾电子公司而缩短新产品上市周期的60%。

欧美公司的科技人员数量正在减少。他们主要从事高端技术创新，另外还有一个重要的任务就是组织与协调全球研发网络。企业创新成败将不完全取决于自身，还有赖于各国的研发承包商，甚至是分布在全球的无数个体的知识型人才。

随着外包的内容从硬件变成了软件，从低端的制造变为了高端的知识外包，企业创新模式也从过去封闭式创新转变成了开放式的创新。创新边界的被打破，使得企业的智库——知识资源正在从过去的集中管理走向一种全球网络分布式整合，创新正向组建以高端技术企业为核心的全球研发网络的方向发展。企业只有善于组织和调度全球范围的科技力量，并且同用户保持密切联系，方能成为赢家。一个企业如果无法主导全球创新网络，即使拥有核心技术优势，也一定会走向衰落。

2006年11月，IBM举办了有史以来规模最大的在线头脑风暴，并且承诺将投资1亿美元，支持在创新即兴大讨论（Innovation Jam）中产生的10项新商业计划，技术创新涉及智能医疗支付系统、简化的业务引擎以及3D网络等众多领域。

这次创新大讨论吸引了来自104个国家的15万名参与者，包括IBM的员工、家属、高校、业务伙伴和来自67个国家的客户。在两场72小时的讨论中，参与者共发表了46 000个想法，综合了IBM最先进的研究和技术并结合它们自身的应用来解决现实中的问题和把握新兴商业机遇。

像这样的全球在线头脑风暴正在成为IBM创新的一个新源泉。IBM会不定期地在各地组织企业内部人员与社会力量进行在线讨论，而类似的IBM内部员工在线创新论坛更是已经成为一个日常交流平台。讨论通常由IBM确定主题，为每一主题提供交互式的背景信息，并设立专家主持者来提高讨论的效率。每次讨论后，IBM会将所有创意收集起来,由员工进行初步筛选,公司高层参与最终评选,并计划如何将投入放在最有前景的创意上。

"协作创新模式需要我们相信来自员工、客户和其他创新网络中成员的创造力与智慧,"IBM 的董事长兼 CEO 彭明盛说,"我们敞开了我们的实验室,向世界表示,'这就是我们最珍贵的、皇冠上的宝石,拥有它们吧'。即兴创新大讨论和类似的努力,大大增强了我们为商业和社会有效创新的能力。"

20 世纪是"封闭式创新"的一个世纪。企业通过依靠内部有限研发力量与封闭的资金结合,来保证技术独享和垄断(钱德勒的研究也有力地证明了企业中央实验室在实现业务自然垄断和规模经济中的重要作用),直接结果是大企业的中央研究机构(如杜邦公司的杜邦实验室、朗讯科技公司的贝尔实验室、IBM 公司的沃森实验室、HP 公司的中央实验室和施乐公司的帕洛阿尔托研究中心 PARC 等)垄断了行业的大部分创新活动。

在这种创新模式下,企业容易陷入克莱顿·克里斯坦森教授(Clayton Christensen)所提出的"创新困境"中,即企业如果不创新,就难以生存;如果创新,则面临巨大风险,甚至陷入困境。

21 世纪互联网提供了无限的创新新势力,他们是无数的中小企业甚或个人。企业如果还是像过去一样,仅仅依靠内部的资源进行高成本的创新活动,难以适应快速发展的市场需求以及日益激烈的企业竞争。在这种背景下,"开放式创新"正在逐渐成为企业创新的主导模式。开放式创新是研发外包走向互联网众包的一种必然结果。

从外包到战略外包的发展阶段,企业实际一直仍然在围绕物质产品制造为中心在配置内外的生产资源,当制造的利润被挤压到不能再挤压的时候,企业开始围绕知识生产为核心实现创新的快速产品化来配置资源。物质产品的传播必然需要一个由中心向周围扩散的渠道网络,而知识的创新是没有中心的,它有可能来自任何一个网络节点,因而天生具有一种民主化生产属性。知识的外包必然走向网络众包,二者是一种天然的结合。

如果说战略外包是对企业业务和管理流程的重新调整,并实现智力资源、服务资源、市场资源、信息资源以及生产资源在整个价值链上的共享和优化配置,那么,类似 IBM 这种知识的众包实现所有这些资源在一张全新价值网络上的有效整合。

外包是对企业集中生产能力和集中创新能力的一种释放，也是对企业组织管理能力的一种解放。通过外包企业可以减小规模，使过去的层级制转变为扁平化体系。一旦内部的协调和沟通障碍被扫平了，企业管理和商业模式就会发生根本性变革，将优势资源集中于如何激发员工创造价值、外部协作创新上。实际上这是在为围绕知识生产打造核心竞争力做组织准备。

组织扁平化是外包发展的第一步，组织网络化才是外包发展的最终产物。在这个过程中企业将获得一种全新的核心竞争力，即知识资源的网络化配置和整合能力。

从外包到众包是一个质变的过程，随着企业核心能力的重塑，与之相关的一切管理模式、创新模式以及商业模式都将得到彻底变革。众包不是在原有秩序基础上的一种改良，而是在做创造性的破坏，它在组织一个全新世界。

外包2.0

从工业革命时代到信息技术时代，企业的核心竞争力经历了一个不断被改写和重塑的过程。总体来说，它是一次从封闭式的集权生产能力到开放式的民主创新能力的转变和飞跃。

在企业核心竞争力发生质变的背后，是市场需求驱动的结果。工业时代，市场完全由生产来驱动，供方市场决定了企业只要取得生产技术和生产资源的绝对控制权，就能主导市场。而随着客户或消费者意志一点点地复苏和被导入生产链条，企业作为一个封闭的生产制造王国的疆界也逐渐地随之被消解和改造。

尤其在进入信息经济时代，大众的意志得到空前释放，一个忽视消费者需求而只知闭门造车的企业根本无法在市场上立足，只有那些能最大限度地发掘并彰扬消费者个性和志趣的企业，才具有生存和发展的潜能。因而，对于一个现代企业来说，核心竞争力并不在于产品或技术的简单组合，而在于其背后所隐藏的一种开放的知识与能力的整合状况。

胡泳从字源上追溯了从外包到众包的一个飞跃历程，"开始是外包（outsourcing），然后是开源（open-sourcing），现在则是众包（crowdsourcing）"，背后的商业模式在不断推陈出新。他将开源阶段放在外包和众包发展路径的中间，一切的起因和结果都源于资源一词，而开放是其中的一个必要条件，正是在资源的逐层开放过程中，企业能力或是资产也得以重组。

为什么低端制造不能产生众包？

生产制造是企业最早实现对外开放和转移的一个环节，从外因来讲，它是高度专业化带来的社会分工的结果；而内因是由于企业生产复杂产品所有部件的成本过高，而将一些非核心的、次要的即非专用性的资产外包给其他专业组织。也就是说，外包是在社会高度分工的基础上产生的。外包本质上仍是专业化分工的产物。

企业之间的分工越来越细，导致其专用性的资本投资越来越多，承担的风险越来越大，而且专业化程度越来越高，形成了大量的多样的专用性资产。奥利弗·威廉姆森（《资本主义经济制度》，1985）认为，当作出某项资产投资后，它只能用于某个特定用途，若合同双方关系能够持续，则此项资产能够创造价值；若双方交易关系不能维持，则此项资产不能创造价值，为实现市场化交易所需的专业化投入。因而，企业为了最大限度地保护投资利益，就需要长期维护与上下游合作伙伴的合同关系。

这是外包与众包最大的不同之处。宝洁公司负责科技创新的相关人士表示："人们认为众包就是外包，但这肯定是一种误解。外包是指我们雇佣人员提供服务，劳资双方的关系到此为止，其实和雇佣关系没什么两样。"

在制造业外包的经济环境下，专用性资产实质表明了资产之间的技术关联程度，它反映的是一种核心技术与众多外围技术之间的利益附庸关系，外包改变了的只是企业从内部纵向一体化向外围供应链一体化的发展，但是并没有从本质上突破资产专用性的边界。

同样是从外部寻找生产资源，众包最大限度地对外部合作者进行了开放，甚至对其不再做预先的门槛设置，不惜对外开放自身核心的、独有的专用资产，比如涉及研发、设计等方面具有创新意义的高附加值环节，并进行跨组织配置和重组。

众包可以利用互联网对生产者进行充分的多维价值发掘，同时生产者也可以为了充分实现自己的价值而自由选择发包的企业，甚至自己组织生产、营销，发现并服务于消费者。在互联网环境下，生产者可以不再隶属于某一单个企业，而是形成了一种多对多的相互多重选择的生产网络。

姜奇平总结认为，外包是指一个服务企业外包另一个企业的业务，而众包是一群企业与另一群企业，彼此进行纵横交错的外包。它强调突破企业的资本专用性边界，跨组织共享信息资源、配置实体资源。同时强调在社区网络的每一个节点上，发挥草根个体的能动性、创造性。

随着企业核心资产专用性尤其是人才的资产专用性边界的突破，多才多艺的业余爱好者也被发掘了出来，他们开始加入专业者队伍，成为众包的另一支生力军。外包强调的是高度专业化，是专业化作用下规模经济的产物，它主张的是让专业的人士干专业的事情，信赖的是专业化的机构和人才；而众包则反其道而行之，其倡导的是社会差异化、多样化带来的创新潜力，相信大众消费者的力量，是专业人士与业余爱好者群体决策的结果。

低端制造为什么不能产生众包？

"山寨机"是制造业外包过剩的一种副产品。国内代工企业生产力过剩，但是组织形式灵活，可以最大限度地满足市场多样化需求。

"山寨机"款式多，融合功能强大，解决了低成本、多样化的问题。"山寨机"创意好、反应快，渠道丰富多样。"山寨机"敢想敢做，很多创意，正规品牌军想不到，或者想到了却做不到，但"山寨机"做到了，而且做得很好。

"山寨机"能够很快地了解现在的消费者需求，并且第一时间做出反应。例如，2008年"山寨机"借北京奥运东风，推出了很多"福娃手机"，结果非常畅销，对市场造成了很大冲击。

这对正规军来说，也许是不公平的。"山寨机"基本上没有设计成本，创新能力薄弱，只能满足一部分跟风潮流的消费对象，并不能做到真正引领个性化需求的发展。然而，"山寨机"的出现带来最显著的一个变化就是缩短了手机的产品生命周期。一方面消费者对手机款式需求越来越追求多样化和差异化，另一方面手机厂商却仍然在按一贯的设计周期和产品生命周期在推新品，二者之间必然会出现一个空白时期，这正好给山寨机一个机会。

许多"山寨机"企业都是手机厂商的代工方，它们虽然能敏锐地察觉到市场需求的变化，但只能简单地响应。手机厂商将制造外包，带来的是围绕核心企业形成的上下游供应价值链，对其自身来讲，还只是停留于资产的半开放半闭环的状态，因为它并没有延展到设计环节，没有将设计价值链也纳入其中。

外包的作用主要有：让企业更能关注于自己的核心业务，即"将好的做得更好"；有利于企业进行高效管理，增强企业的核心竞争能力；有效减低企业营运成本，提高产品品质；有利于企业集中人力资源，避免组织的无限膨胀。然而，这一切仍然着眼于企业内部或在企业固定边界以内的变革。研发外包迈向众包仍然需要跨出关键的一步，即将价值链进一步开放，引入社区协同的概念，进行最后的网络化改造。

手机企业开放设计价值链，不仅意味着将有更多来自消费者的声音能够及时地反映到设计过程中去，而且表示更多消费者甚至能与企业研发实验室共同参与新产品的设计和创新。这样一种来自核心环节的变化，将带动整个企业运营，包括管理、设计、生产、营销等所有环节的变革：彻底的开放和重组。

随着企业各个业务环节面向网络的开放和重组，意味着企业管理者不能再把眼光停留于内部，而是需要具有全盘的跨越企业和组织的开放性管理、运营和创新能力。因为，此时的企业不再是一个独立生存的生物体，而是处在多个价值网络交错展开而形成的更为复杂的生态价值网络环境群体中的一员。就像在一个巨大的蛛网上，每个企业都只是必须依赖于这张网络而生存下去的一只小蜘蛛。

由于成本的优势，工业时代的大规模定制生产方式为外包的发展提供了一个历史性的契机。随着互联网的发展，企业传统的地理、资金、技术和人才的特权日益淡化，特权的释放也伴随着生产的逐步释放，而每一次释放背后是生产方式的改变。

围绕制造外包形成的是单一的制造供应价值链，企业依托这条价值链将各部件的制造、组装和包装等环节转移到外部，但并没有真正改变社会生产方式。另外，价值链生产能力的剩余也许能带来"山寨机"这种副产品，但是并不能根本地变革商业创新模式。

在众包的模式下，企业必须而且只能在一种网络化的生态环境中生存、竞争和发展。企业在任何一个业务节点上都有可能面临复杂而庞大的资源选择网络，该网络可以根据需求变化动态地配置资源，实际上是所有成员通过所有关联资产的网络共享，来获得资源利用率的最大化。

如果说价值链仍是从外包中衍生出来的概念，需要围绕一个核心建立长期固定的契约关系；那么在众包产生的价值网络中，企业可以根据单项需求动态选择关联伙伴商，组成临时生产网络，进行相关资源配置，从而完成一次社会生产。随着任务的完成，由此临时集x 各关联企业之间的契约关系也会随之终结。

企业的网络化生存，彻底地改变了社会生产的方式以及商业创新模式，生产和创新不在局限在一个具有固定边界的组织内进行。也就是说，企业作为一种组织形式，不再是最有效率的一种资源配置方式。

罗纳德·哈里·科斯把企业和市场看做两种可替代的资源配置方式，强调企业与市场相互替代的可能性，同时也不否定它们之间的互补性（刘东，"企业与市场的关系及其现代演变——兼评企业市场互补观点"）。既然企业不再是最有效的配置方式，那么，众包难道是市场行为，答案肯定是不对的。在众包的方式下，企业仍然是参与社会生产的主体，只不过不再限于某一家固定企业。

在杰夫·豪的描述下，众包是一种分布式的社会生产方式，而社会生产的组织形式将是"网络社区"而不是"传统公司"。网络社区既可以包含公司，又不具有公司的组织形态，同时，它也不是市场。可以说，网络社区是介于企业与市场之间的一种中间形态，正在涌现出超强的创新能力和高效的资源配置能力。

生态系统

2009年SAP联盟（SAP Alliance）被更名为SAP生态系统（SAP Customer-Focused Ecosystem），从"Alliance"到"Ecosystem"的转变，背后不仅反映了基于外包模式下价值链向基于众包模式下价值网络的发展和转变关系，而且体现了在不同的环境下企业生存方式的改变：从契约式生存到生态化生存。

从外包到众包，从低端的外围业务外包到高端的核心知识众包，从企业有限的半闭环式生产到企业完全开放式生产，企业实际上已经逐渐把核心的生产环节剥离了出去，而自身也完成了模式的转型和蜕变，成为一种更具服务性的组织。实际上在众包的价值网络中，企业与企业之间不再只是供应或代工关系，而是变成了一种交互服务关系。

SAP生态系统实际是一种以客户价值为核心导向的更智能的新型企业管理方案。它集合服务合作伙伴、软件解决方案合作伙伴、渠道合作伙伴和技术合作伙伴四大合作伙伴，以及业务流程专家社区、行业价值网络、SAP开发者网络和企业级服务社区四大网络社区资源，共同参与涵盖了商业战略、业务流程、技术和企业日常运作等各领域的协同创新。

在整个亚太地区，2008年SAP开发者网络(SDN)和业务流程专家社区从153 000

名会员增长到了 299 000 名，会员总数增加近 100%。

在这个生态系统中，企业的客户、合作伙伴、开发人员和雇员与全球各地的 IT 和商务专家可以建立相互服务和协同创新的新型关系。比如，通过 SAP 开发者网络，所有相关开发和伙伴商，甚至是客户，都可以自由开发或交换软件源码，通过互动博客、维基百科和论坛交流与协作，在软件项目上开展协作，从而广泛征集社区成员的意见、反馈和贡献，从全球社区的集体智慧中获益，以创建新的解决方案，来解决技术和业务上的难题。

尤其是客户可以直接面对 SAP 并和所有生态系统中的参与者充分互动、分享成功经验，探讨并参与制定行业标准及业务流程，从而有可能创造出最符合客户需求的行业解决方案和产品路线图。在这里客户既是消费者，又可能成为软件的研发者。软件商与开发伙伴商以及客户之间的界限正在变得越来越模糊，他们互为各自的一部分，相互依存，互为利益关系，但又可以不受契约约束。

生态系统标示当今企业正进入一个依靠社区协同创新和草根支持的全新时代，IDC 甚至宣布 SAP 生态系统已经成为一个兴盛的自有经济体系：一种彻头彻尾的服务型经济。

从外包到众包，其中既有承接关系，又有质的飞跃。同为对外开放资源，但是因为有了互联网技术工具的介入，使得在整个进化过程中，无论是企业的组织形式、社会生产方式还是创新模式，都发生了根本性变革。

杰夫·豪将众包称为是一种超级外包，并没有揭示二者之间本质的不同。外包是一个核心企业单方面的对外开放资源，企业之间形成的是一种价值链的上下游关系；而众包带来的是基于网络社区的企业与企业、企业与消费者之间的互动关系。众包的价值网络实际是基于社会生产的一种企业社交网络。Web2.0 对互联网的变革意义也正在于此。

因此，也可以说众包是外包 2.0 的互联网升级版本。

第 三 章 企业还剩下什么?

互联网使得人们拥有了在企业之外组建群体共同参与生产的能力,反过来,企业也可以跨越地理位置、自然资源甚至知识资源的限制,迅速把不同地区的现有资源组合成为一种没有围墙、超越空间约束的运作模式,通过某个主题或某类兴趣将许多的大大小小相关生产者联系起来,形成一种新的共生群体。

由于企业连部分核心业务也进行了外包,意味着企业的边界可以达到一种全方位开放的状态。在这样一种新的生产组织模式下,企业你中有我、我中有你,已经无法单独界定某一个企业的边界。

一个虚拟化的企业,甚至根本没有任何实体资源,也不具备相应的知识资源,但通过开放企业边界,集结多方资源,也能够完成几倍、几十倍于自身能力的任务。

众包之后,企业创造价值的潜力大增,然而规模却将趋于变小,那么,作为一种组织形式,企业会彻底消亡吗?

从规模上看，阿里巴巴并是一家超大型公司，所有员工加起来大约有8 680名，但是它在10年中创造的市值已经超过1 000亿元。在中国市场，阿里巴巴的营业额已达沃尔玛的三倍，未来10年内将在全球范围超越沃尔玛。

阿里巴巴与沃尔玛不同，没有在全球范围内大量铺设实体店，只是借助一个网络平台开设了各种主题的电子商务社区，人们在社区内进行交流和共享，寻找合适的商业伙伴，社区已经成为阿里巴巴最重要的资产。

同样，美国最流行的社交网站Facebook的雇员大约只有700名，然而市值已逾90亿美元，这相对于同样市值的传统企业拥有甚至几万名的员工来说，简直称得上是精兵强将。

杰夫·豪在《众包》中讲道："传统企业不可能很快消失，但它的统治地位已经受到威胁。"他认为，传统公司的结构是由工业革命一手造成的，尽管在整个20世纪，它的统治地位无人能及，然而，互联网的出现正在改变这一切。

组织的虚拟化趋势

维基百科的固定编辑人数只有几百人，而它的最新市值超过了70亿美元。

自2001年英文版成立以来，维基百科已经成为最大的资料来源网站之一。每天有数十万的志愿者进行数十万次的编辑，并建立数千篇新条目。目前在超过250种的语言版本中，共有6万名以上的使用者贡献了超过1 000万篇条目。

自由分享，大规模的社区协同是维基系统最为显著的特点，该平台虽然出现的时间不长，却已被国外企业与政府广泛采用。2009年11月，全国海关首个知识管理系统——"进出口百科"在杭州海关上线运行，这也是我国首个政府维基系统投入使用。该系统自上线以来条目总数已超过332个，知识点覆盖了商品、信息技术、综合业务等各个方面。

我国海关的轮岗工作制使得人员流动频繁，工作经验难以得到有效保留与传承。维基系统的网络化结构和开放式设计恰能填补这一空缺，通过隐性知识的显性化，将恰当的信息在恰当的时间到达恰当的管理人手中，降低知识获取的门槛与成本。同时，减少因人员流动带来的知识流失，增加海关的整体知识储备，促进海关专家队伍的形成和知识的不断更新。

借助于互联网技术，传统的机构也开始把内部某些功能进行社区化设置，而更多的企业则已经在把整个组织的建构向网络社区化推进。互联网好像成为传统组织的一件隐身衣，把它们从物理世界中吸纳进去，并重新赋予其全新的存在意义。

要想预知企业的未来发展形势，有必要先追溯企业发展的由来。农业社会最初是以家庭为单位来组织小规模的作坊式生产，工业革命改变了这一切：大规模生产要求有一种专业化程度更高、能够进行流水线式标准化生产和科学管理的效率型组织的产生，而当家庭开始将业务生产外包给这种新的生产单位的时候，企业出现了。

之后，企业进入了科斯所定义的交易成本决定论的发展逻辑之中。科斯在"企业的性质"一文中，利用交易成本理论创造性地解释了企业的性质和边界问题。他论述道："当追加的交易由企业家来组织时，企业就变大，当企业家放弃对这些交易的组织时，企业就变小。"

因此，"企业将倾向于扩展直到在企业内部组织一笔交易的成本等于通过在公开市场上完成同一笔交易的成本或在另一个企业组织同样交易的成本为止"，企业的规模或者边界由此被确定下来。

科斯认为要解决交易成本上升问题，有两种解决方案：纵向一体化和长期合约缔结。威廉姆森从专用性资产角度来解释企业的边界或规模，得出了同样结论，即当投入资产具有专用性时，为了节约交易成本，应该选择企业这种组织形式或企业间实行纵向一体化。

20世纪80年代后，企业普遍采取组织扁平化，减少福利费用等"减量经营"手段，来降低交易成本。20世纪90年代初，美国麻省理工学院迈克·哈默（Michael Hammer）教授和CSC管理顾问公司的董事长詹姆斯·钱皮（James Champy）提出"企业再造"(Re-engineering)理论，即对企业的业务流程进行根本性的再思考和彻底性的再设计，从而使企业在成本、质量、服务和速度等方面获得进一步改善。

"企业再造"一方面强调在内部对原来的组织结构进行重新设计和整合，从原来直线职能型的结构转变成平行的流程网络结构，优化管理资源和市场资源的配置，实现组织结构的扁平化、信息化和网络化，从结构层次上提高企业管理系统的效率和柔性。

另一方面，从外部进行纵向整合，重新规划企业和其供应商、销售渠道、买方之间的各种活动的分工。例如，企业可以外购配件而不是自制，或者将服务承包出去而不是拥有一个服务组织。

实际上，企业再造是在从技术上和管理上为企业虚拟化做准备。借助电子商务技术，企业可以趋向组织结构的无形化，只保留协调、控制以及资源管理的活动，而将所有或大部分的其他活动外包。

约翰·伯恩（John Byrne,《虚拟企业》，1993）认为虚拟企业是企业合作伙伴间的联盟关系，且虚拟企业没有明确的组织架构，而是由各独立公司所构成的暂时性网络，通过信息技术连接起来，共享技术、成本及对方市场。

新兴的虚拟组织实际也是一种以商业机会为基础的动态组织工具，可以有效地实现对直接生产费用的节约。这些基于战略联盟的企业通过共享基础设施和研究开发，共担风险和成本；获得市场渠道，共享市场或顾客忠诚度；并经历从出售商品到出售方案的商业模式的转变。然而，战略联盟是最为一体化的契约形式。

在激烈的竞争中，组织的变化是迅速的。企业在外包的过程中逐步走向虚拟化，然而，这并不是全部。基于战略联盟的虚拟组织仍然只是一中处于变化中的中间形态。

在企业虚拟化整个过程中，成本是在呈一种缓和下降的趋势，企业一步一步将包括生产和研发等在内的大部分能力释放。刚开始释放或者转移的对象仍然是处于同一价值链上的商业伙伴，直到有一天，转移的对象延伸到了终端用户或消费者手里。互联网社区的出现，让交易成本突然出现瓦解，柯斯的企业边界由交易成本决定论，突然在此时变得无所依据。

在《未来是湿的——无组织的组织力量》一书中，作者克莱·斯基给出的解释是，"交易成本的小幅下降使企业变得更有效率，因为机构困境造成的限制不那么严苛了。而交易成本的巨幅下降使企业——或者说任何机构——都不能再承担某些行为，因为无论从事某个特定行为的费用变得多么便宜，都没有足够的好处来支付作为机构存在的成本"。

众包的一个显著特征就是消费者或者客户开始参与产品的生产和创新，而厂商可以将这种创新的成本降到最低。由于能够以低成本实现规模协调，第三种类型出现了：网络社区为我们提供了组织群体行动的空间，可以实现传统组织机构无法完成的高效率运营，而不会受到科斯理论的制约。

戴维·福克纳（David Faulkner）和克里弗·鲍曼（Cliff Bowman 1997）认为，

在市场和一体化企业两个极端之间，存在着一种中间组织形式。这种组织形态是虚拟化的，应该摆脱了一体化的约束，具有松散但又包含共生关系的网络结构。

古典经济学认为，企业是一种生产单位，其功能是把土地、劳动、资本等生产要素投入转化为产出。而在互联网经济时代，人类把生产对象从自然转向了人自身。此时，"原材料不再是钢铁，而是'人类创造性的劳动'，这种资源极难衡量、组织和引导，而社区的出现恰逢其时"（《众包》）。

家庭作坊经过工业变革，成为一种科学管理组织：企业。社区更像一个农耕文明下的概念，它因为难以协调和标准化，被工业革命暂时放弃，互联网给了社区一个全新展示的机会。生产者和消费者，厂商与客户可以在此直接进行交互，并产生协同，建立一种创造性的合作关系。

这是一种全新的经济生产模式。哈佛大学的约查·本克勒（Yochai Benkler）将其称为"社会生产"，但是他给出的定义是个体间的合作关系，是不完整的。从现实的案例来看，基于网路社区的社会生产同样可以是指企业之间完全不同于过去的一种新型合作关系。比如，在 SAP 的生态系统中，厂商与客户、合作伙伴、开发人员相互之间的关系变得越来越模糊，它们在社区的交互式服务中共享资源，协同创新。

网络社区正在成为一种更有效的动态资源组织工具，管理大师查尔斯·汉迪也认为，"公司制不过是人类社会近150年选择的一种生产方式"。未来组织形式会更像一个个 NGO（非政府组织）和社区，而不是公司。

管理大师彼得·德鲁克所认为的"下一个社会"，"既是一个知识社会，也是一个组织社会，因为只有通过组织化的实践，知识才能够产生效用。而且，这个知识社会中的企业更像一个社会化和网络化的非营利机构"。

这种基于众包的网络知识社区无论在劳动力的组织方式、资源的配置，还是创造效益现上，都比传统组织的效率更高。

天行健是一家健身俱乐部，现在注册会员已经超过了500人，相当于一家中等规模的传统俱乐部。但是，老板孙春雷的成本压力明显要小得多，"按照这种规模，传统店至少要有2 000平方米的固定场地，在北京这种地方，光租金就是一笔不小的开支"。

实际上，天行健并没有固定的办公场所，现有的12名健身教练都在自己的家里办公，所需的只是一台配有摄像头的联网电脑以及一些简单的器材。在工作方式上，他们往往以某个健身教练的个人网络空间或者某个健身论坛为基地。通过 QQ、MSN 等聊天工具，以视频交流、课件下载等方式对学员进行课程指导。这些成本累加起来和传统店相比几乎可以忽略不计。

在市场营销上，天行健俱乐部从成立之初到现在已经两年多了，但是从来没有打过广告，主要借助网络社区以及 QQ 等社交工具靠网友口口相传。

在授课方式上，天行健不仅提出了"体重管理计划"，为网络会员制订个性的健身计划，而且还会通过社交工具开展集体讨论和交流，讨论的话题包括各种锻炼课程的效果、营养食品的搭配、运动强度的增减，甚至教练的年龄和身材。整个过程中，既有教练的集中指导，更有会员之间相互交流与学习，实际上，天行健已经把一部分教学的任务通过众包从老师释放给了学员自己。对于日益忙碌和紧张的上班族来说这样一种不受时间、不受空间限制的相互督促、相互激励的自由学习环境，比以往必须在固定时间、固定地方去锻炼，能激发更高的学习热情和效率。

"我一直希望在网络里能够搭建一个平台，在这个平台里，既提供健身指导，又能形成非常好的交流"，孙春雷表示。

在网络众包中，我们可以看到个人和群体在传统组织结构之外展示出了比以往任何时候都要更为强大的能力，个人得以充分发挥出自身潜力，而群体之间通过协同也涌现出了更为有效的集体创新力和决策力，其结果也更为深远。

众包的过程实际上是一种新的更具经济效率的生产单位向传统的组织争夺生产资源的统治权。这种生产单位既不同于企业，也不同于市场。它随时能很便捷地按某一种生产任务组织起来，但彼此之间又可以不受固定契约约束，而且还可能随时又能随任务的完成而解体，是一种无组织的组织。

产、供、销是一个企业的基本三要素，如果从这个角度看，当三个要素全部实现外包之后，一个企业的基本框架已经完全被突破了；但是如果从作为一种生产资源的配置方式的意义上来讲，企业的内涵仍然存在。

一个企业可以不用自己生产、销售甚至研发，但是仍然需要保留组织生产、销售和研发的协调与控制以及管理活动，最为重要的是，它需要牢牢地把控创新的主动权，成为个性化消费时代的创新引爆机。

当然，企业已经不再是传统意义上的企业了。此时，企业不再是个名词了，它是一个个动态组织的过程。

企业是无组织的组织者

在互联网大背景下，个性化、多样性的消费价值观，正在逐步取代过去工业时代下标准化生产的以牺牲个人消费美学为代价的观念，它以追求不断创新为宗旨，将大幅加速产品更新的速度，缩短产品的生命周期。

这种趋势的一个发展极端便是，企业逐渐交出对生产资源的控制权，由消费者自己生产、自己消费。消费者将开启一个自我个性定制和服务的时代，参与市场创新的机会之多前所未有。面对一个全新的生态环境，企业必须不断适应需求的快速变化，完成一次真正的自我颠覆和变革。

戴维·哈维在《后现代状况》一书中，将福特主义和"灵活积累"来区分现代组织和后现代组织。姜奇平在刚出版的《后现代经济》里，对此做了进一步的延伸和阐释，用机械化和生命化即机械结构与有机结构来分别对应前者所描述的福特主义及"灵活积累"。

姜奇平认为，"组织面对的变化越少、越简单，组织结构越要求趋于机械化。在稳定的环境下，组织往往规模庞大，架构复杂，采用机械式组织结构；特点是组织内部正式制度、权力层级较为明显，管理比较集中。而面对的变化越多、越复杂，组织结构越要求趋于有机化。在复杂多变的环境下，组织要求减少层级，加强协调，发挥非正式制度的作用，保持灵活，以提高应变能力"。

为了适应未来组织的变化，一些得风气之先的企业已经开始从内至外进行重组和变革。作为企业有机化的一个核心内容，分布式协同强调以终端用户为核心的基于共同网络平台的远程合作和优化整合。

2008年年底，历时三年的惠普数据中改造工程完工，惠普已经将分布在全球各地的85个数据中心整合为三个城市的六个"无人值守"，且能进行远程管理的大型数据中心。

在整合工作完成之后，惠普将管理代价降为最低。六个数据中心可以处于关灯状态，现场无须设立专门管理人才，惠普的人在世界任何一个地方，都可以进行远程监控。在这种情况下，一旦发生意外不需要现场维护，有些情况下系统自动完成，大多时候是召集全球专家团队进行在线会诊，再远程操控。这样可以把惠普数据中心资源、人才进行优化整合，同时把这种服务能力延伸到外部的客户。

近两年惠普还在内部建立起了一种分布式服务和研发的模式。比如，惠普开设了一个内部网络研发平台来取代过去的物理研发办公室，分布在惠普全球各地的研发人才不必聚集在一起，就能共同参与完成某个项目的研发工作。项目的发起也不是过去从总部或研发中心来做，任何一个地方的惠普科研人员都可以结合各地市场应用具体情况，来发起具有针对性的研究项目，从而可以加速从研发到产品化、市场化的过程。

惠普的重组主要集中在企业内部，英特尔则已经把眼光延伸到了企业外部生态系统的建设。作为一家芯片厂商，2007年下半年英特尔开通了一个网络社区 Moblin.org，Moblin 是一个针对 MID、上网本、车载娱乐系统、嵌入式和手持设备的开源操作系统项目，英特尔的目的是吸引各种社会力量包括个人、公司和各种研究机构，来共同打造一个类似 Linux 开源软件生态系统。

开源技术被作为英特尔软件战略的核心内容之一，近10年以来，英特尔陆陆续续已经在十几个领域都与开源生态系统展开了合作，其最终的目的是推动软硬件一体化，开发和推动英特尔处理器市场。Moblin 开源系统同样如此，它的设计目的在于为移动互联网设备提供操作系统支持，降低移动互联网设备的成本，从而增加英特尔凌动处理器的销售量。

实际上，Moblin 系统也是英特尔在 Linux 内核基础之上添加了对移动设备的支持，准确地说它并不是一个操作系统，只是一些软件的集合。所以说，Moblin 系统的前身本身已是一个开源产品，而英特尔做了"最后一公里"的开发，并将其独立开通了一个新的网络社区。

当前围绕 Moblin 系统的开发和应用正在逐步的生态系统化，许许多多的独立软件开发商或者开发人员已经加入进来，开始在更多的细分领域做更多的"最后一公里"工作，它们都有可能通向最终的商业化之路。那里是英特尔的最终目的地。

在中国，农村市场很可能成为下一个经济发展引擎，基于农村市场应用的开发也在日渐多元起来。人们越来越普遍的移动需求也将进一步激发围绕 Moblin 的软件和应用创新，东软集团嵌入式软件事业部副总经理蒋韬也是这个领域的开发者之一。他说，"Moblin 提供了一个融合技术创新的开放性平台，从而可以对不同客户需求很好地进行组合"。

蒋韬所在的部门正在在 Moblin 基础上，专门开发一个融合了传感器的移动终端，利用它可以方便地对电力设备进行巡检,然后适时地把这个信息传输到服务器处理,以辅助决策。另外,家电厂商也可以将之应用于巡检系统,一个家庭用户只要拿着一个类似 MID 的终端,对设备扫描一下就可以传送到总部,总部通过远程监控可以很快查出初故障的部件。这样做的目的不仅可以协助厂商做好家电维修服务,最后实际上可以帮助企业优化库存。

不仅如此,未来每个人手里都会有非常多的终端,随着终端越来越多,就会不断涌现越来越多新设备融合问题,因而终端的发展过程也是一个融合创新的过程。而一个移动互联网时代的未来,也就是英特尔的未来。

Moblin 生态系统是英特尔提供一个标准化(最小集约化)的平台,也是英特尔基于开放软件以及相关硬件建立起来的一个价值网络。在这里集结了众多的上下游厂商、开发人员以及用户,企业可以根据市场需求做自由开发,保持敏捷的创新活力,做到小规模的定制。

在一个开源软件社区中,只有在真正产生了市场需求也就是有了客户之后,人们协同开发的软件程序才能进入商业化程序,最终成为商品,可以说是用户参与了产品的创造、生产,并最终成为产品的消费者。

值得注意的是,英特尔是 Moblin 社区免费的建设者对所有社区会员不收取费用,这样就可以大幅降低软件的成本,但是所有最终商品化的软件都是基于 Moblin 开放系统之上,而该系统与英特尔凌动处理器在最初就已经做了一体化设计。

这样一种销售方式与过去靠卖硬件机器而与电脑厂商联盟的销售方式完全不一样,与"Wintel"软硬件联盟的方式也根本不同。同样都不能预测市场的规模和销售量,但是此前企业与市场的关系是相互有边界,这道边界就是交易成本;而现在企业的边界突然瓦解了,使得其获得了一个历史性的机会,可以融入市场当中。

2010 年 2 月 15 日,英特尔将 Moblin 系统与诺基亚的 Maemo 系统合并,组成 MeeGo 系统。MeeGo 系统仍旧采用开源方式,可支持广泛的不同硬件架构的设备,它的面世将帮助英特尔在下一波融合网络浪潮中,实现围绕核心芯片来构筑完整生态系统的飞跃。

为了降低协调成本,以前企业只能在机构内部通过事先筛选和决策,来尽量简化多样性需求带来的创新难题,这样无疑削弱了消费者的最终选择权。在组建网络社区之后,英特尔可以把选择权和决策权全部交给用户,而自己要做的就是尽可能地提供多样性产品，哪怕只有一种能获得市场的认可，那么它商品化的成功概率就是百分之百。

企业与市场的关系更为密切，企业更加像市场，通过一个社区平台，买卖双方可以充分交换信息和共享知识，使得交易成本降到最低。然而，企业又不是市场，市场是无组织的，可是企业仍然需要在全球范围内邀集所有相关利益方，从根本上激发创新，引导集体决策。

为什么网络社区具有比企业更高资源配置效率？在参与众包的100人中，也许只有1%的人具有创造力，但正是这1%释放出比传统工业化企业更大的创造力。在这种创造性的工作中，由于众包首次将市场引入企业当中，因而它本身包含一种集体判断机制。"大众正是自己最好的过滤器"（《众包》）。

集体的治理

网络社区是一种介于市场和传统企业之间的"零组织"，既有市场的灵活性，又有传统企业的相对稳定性，具有随机性和黏合性，是一种动态的有自适应能力的组织。

网络社区的基础是企业价值网络，这种网络是一个边界极易变动的松散组织，其成员通过信息网络实现核心资源的联合，把分散的资源组合起来，实现成员之间的信息共享和生产经营过程的协调，发挥其综合效能，缩短产品从概念到商品化的周期，最终形成强大的竞争能力。

"组织正在被一种临时性的契约关系所取代"（姜奇平，《后现代经济》）。作为一种无边界组织形式，基于社区的企业价值网络可以随商机获得而产生，又随着之消亡而解体，像"变形虫"一样在网络中以不同的形式再生和活动，用其高度的柔性和灵活性的优势来实现大于各组成部分的能量之和的目标。

姜奇平还提出，后结构主义观点倾向于强调组织不在于形式，而在于内容；组织的内容是活的，是差异之流，是众多元素在彼此区别的前提下相互作用、相互渗透和融合的过程。他进一步阐释道，后现代组织的特征是：柔性，以劳动力核心能力的管理为中心，以个性化消费为前提，通过微电子设备做出可能选择，工作是非差别性、无界限、多技术的，雇佣关系更为复杂，表现出碎片化的形式，如转包合同、网络。

建立一个社区并不难,但试想要长期维持它并让它维持旺盛的创造力和生产力则极为不容易。这要求企业转变过去长期作为管理者的角色,以一种全新的方式思考问题,这种方式或许与几十年来标准的商业准则背道而驰。

管理机械型组织结构与有机结构的区别在于:科学管理将让位于"零管理",集权统一转向分布式协同,统一企业文化被代之以多元的个性化。

网络社区实际上也是一个开放的知识交流系统,个体和企业生活在社区或团队之中,彼此之间存在相关性、协同性或默契性,因此,必定通过主动的相互学习、相互沟通甚至相互合作完成对知识的重新组织,在交流过程中形成对知识的会聚、增倍与意义的自创生,这必将导致知识自组织的产生。

因此,可以说网络社区是一个具有自组织能力的知识交流系统,产品创新系统和企业价值网络系统。人们在个性化和多元化的网络环境中,进行分享、学习和协作,并在此过程中不自主或自主地达成各种集体决策。

网络社区的建设和维护基于共同的利益与信任,而不只是法律制度。某种程度上讲,社区可以以最小的代价、最大限度地维持个体的独立性和原创性,它一定是不听由摆布的,是一种高度分散化的民主式管理组织。

群体的多样性是网络社区爆发创造力的一个源泉,然而,同样也为群体管理提出了更为复杂的难题。集体决策也并不能总是带来好结果。如果缺乏某种形式的治理,任何创造群体价值的努力都不能成功。事实上,"最成功的众包是由大众和指导他们的某几个人合作完成的,一些人需要扮演决策者的角色,网络社区同样需要社区领袖"(《众包》)。

这样的社区领袖与传统企业的管理层是不一样的,在开源软件项目中他们被称为"仁慈的独裁者"。所谓"仁慈的独裁者",他们不再需要通过一根具有"政治权力象征"的权杖来维护自己的地位,他们可以是代表一种全新技术价值观的领袖,或者是创新价值观的倡导者,也可以是文化价值观等任何具有消费意义的价值观倡导者。

同时,他们必须是类似"社区大妈"一样的服务者,是一些开放的基础规则的制定者和监督者。

最后,也是最为重要的,他们必须是创新的激发者和引导者,并且是将创新导入商品化的"最后一公里"的建设者和组织者。

传统机械型组织只有依赖于科学管理来降低成本提高效率，然而，"科学管理否定了人的生命创造力和创新活力，把人变成无差异的，可彼此替换的物（螺丝钉），割断了人的个性间的有机联系，忽视组织的内容随环境变化而变化的现实"（姜奇平，《后现代经济》）。

当企业开始引入外包之后，便在一步步地退守。不断地修订自己的核心阵营，可是又不断地被重新打破，最后连最核心的能力也可以外包，企业似乎"消失"了。

企业的这种"消失"只是一种形式上的蝶变，这意味着企业已经逐步抛弃掉机器、厂房等沉重负担，开始变得越来越轻，可以随时按需求组织，又随着需求的变化而调整。

此时，企业越来越像一个生命组织一样开始思考和行动。

从知识管理到知识服务

作为一家制鞋企业，美特斯邦威自己却不生产一双鞋，在温州该公司的总部也已经看不到一台缝纫机，全公司只有300余人，然而在其周围却通过互联网形成了包括全国2 000多家代理商和200多家生产厂的价值网络。

传统的制造商正在进行信息化改造转变成轻公司，从生产向服务转型。信息化重塑了美特斯邦威的组织形态和竞争模式，使其走向了虚拟经营之道。

时尚变化和组织变革迅速，生产和贸易结合紧密，这是全球纺织服装产业的两大主要特征。季节性服装的销售旺季很短，因此要求企业提高预测、备货和生产等各个环节的效率，特别是减少库存量，降低库存成本，提高市场的快速反应能力。

在今天的美特斯邦威IT系统里面，整合了包括电子商务系统、门店管理系统、销售时点系统在内的各个系统，它的前端连着一个个特许加盟的专卖店，而后端直接通向上打通各OEM厂商的ERP系统。对于整个供应链来讲，专卖店可以从网上查看新货品的实物照片来快速订货，美特斯邦威总部可实时考核每个专卖店的销售业绩（甚至可以细到每一件服装卖出时的天气情况及消费者情况），对于整条供应链的进、销、存数据进行经营分析，以便及时做出促销、配货、调货的经营决策。这不仅提高了市场反应能力，也为货品、资金的快速周转提供了保证，提高了资金使用的效率。

今天美特斯邦威运用 IT 系统实现的这种虚拟运营业务模式完全是颠覆式的。国内服装行业传统的运作方式仍然占据着主流，通常工厂生产出来的服装发送到公司物流中心，然后再向全国各个配送中心或分公司配发，周转库存很大，往往存在巨大的库存积压风险。然而，美特斯邦威利用这套打通企业内外的信息网络系统，不仅可以建立"虚拟库存"来帮助供应链的上下游化解库存风险，而且可以在整条供应链上来协调资金资源，提高资金利用效率，从而充分放大自有资金的杠杆效应，以更小的资金成本，获得更高的效益。

在协调整个价值链的联合生产、配送和销售过程中，美特斯邦威得以在企业内部做自我资源的重新优化和整合，公司变得越来越轻，只需要保留协调、配置和管理的功能，这样一来，公司越来越变得像一个联合了整条价值链的知识协同和管理平台。

为此，美特斯邦威首先开始在内部推行知识资源管理活动，将原先散落在各部门各用户电脑中的资源，在各个环节的业务过程中，通过抽取、整理、上载、反馈和修改等过程，把个人的知识沉淀积累成公司的知识资产，以供所有的员工共享、使用，提高员工的知识水平，以达到创新的目的。

接下来就是把该平台尽可能地向外部延伸，将最终公司管理总部、连锁加盟店以及生产商全部纳入进来，组建一个具有强大知识管理以及协作交流功能的信息交流与协作平台，帮助不同层次、不同组织的用户实现协作、学习，并充分利用知识共享，实现跨企业的学习和协作。

现代社会任何类型的用户都是一个复杂的组织整体，协同办公平台以知识管理为基础，将组织内的各个功能系统相互关联起来，相互驱动，为用户创建科学的知识管理体系，实现知识的聚合、分类、提炼、共享和利用，通过底层工作流引擎实现用户各组织之间的协同工作机制，从而为企业的长期发展提供原动力。

企业正在变成动态市场网络的有机组成部分，反过来基于组织内外的知识网络正在成为构成企业资源的核心要素，因此，知识的外部创新与吸收能力已成为企业成长与再生的关键。

安达信对知识管理的定义是："促进个人和组织学习的过程"，通过促进学习来推动创新。知识管理强调从技术和行为两个层面分别运用管理信息系统、人工智能、工作流与群件设计等技术，解决知识源整理、知识库管理和知识流传递等问题，以及通过研究组织内人员的行为、组织整体的行为，以及组织间的关系行为，来调动组织的知识创新。知识的管理是企业对其所拥有的知识资源进行识别、获取、开发、分解、储存、传递的过程，其目的是为了能够使每个员工最大限度地贡献出知识，实现企业显性知识和隐性知识共享，提高组织的应变能力和创新能力。

然而，知识还具有自组织的特性，这样一种特性决定企业光靠知识管理是不足的，知识管理实际上仍然没有完全摆脱工业化思想的阴影，甚至希望通过对人的大脑的管理和控制来将知识导入生产流水线。

知识管理是指对知识生产者、知识交换场所以及知识资源本身的管理，是基于组织内部的，即使是基于价值链的企业联盟组织之间的知识管理，仍然存在一个管理和创新的制高点，而知识天生具有民主生产的属性，是无边界的、多节点的，每个个体就是一个创新的原点，极不容易被人和有形的框架所制服。因此，知识管理只能是针对指对显性知识，虽然知识管理也注重对隐性知识的开发和挖掘，但经常显得心有余而力不足，因而对于隐性知识尤其是外部隐性知识更多只能是服务。

从这一点来看，美特斯邦威创建的基于价值链的知识管理平台，仍然是以作为该价值链核心的美特斯邦威自身为文化的制高点，存在一个主控制中心，而其他参与者是附属性质的，因而还只是最终通往知识服务平台的中间过渡状态。

对于企业甚或企业联盟来讲，集体的知识创新从来都是交易成本中最难解决的一个"硬伤"，因为它的组织形式本来就与隐性知识这种"流动性的内容"不相适宜，终于网络社区出现了。它的出现带来的根本性变革，就是解决了发掘隐性知识创新的难题。

"有多少种人，就有多少种众包"（《众包》），众包充分地引爆了个人的创新潜力。它不仅将企业价值链从上下游合作伙伴中最终延伸到了市场的终端用户，而且在社区中引入了足够的多样性，将一个半开放的价值链完全打开铺展成为一个没有中心只有节点的价值网络。

知识创新的过程会经历知识搜寻、知识选择、知识探求以及知识合成等不同环节，其节奏各异，合在一起就像一首韵律诗。创新也是一个从发散思考到综合思考的循环。所谓创新合成是指先前并无关联的外部技能与内在思想的交错联结。这种智识结构的再造对于创新至关重要——就像一个"黑箱"，内部结合方式越多，给外部提供的选择期望可能就越多。

企业或企业联盟的知识管理不仅在开始就带有事先的目的，而且在最后创新合成的环节也是牢牢地被掌握在权力结构的核心层手中。这种创新方式带来的结果多样性不够，对市场的适应能力也极为脆弱。而网络社区却将创新合成的最终决定权交给了终端用户，从而形成一个完全开放的创新网络，其知识结构足够复杂，内部结合方式也足够多，可以给市场提供足够多的选择。混合的价值在于它创造新鲜事物，因为这一切是在一个非线性系统内发生的。

这样一种全新的网状组织结构，已经成为一个具有生命特征的生态系统，它与工业时代线性和机械的组织理论讲究静态、精确与控制不同，更为注重动态、模糊与变化，前者衍生出了知识管理理论，而后者必将发展出一种新的知识服务理念。

知识管理是外在控制的、由上而下的过程，需要外界指令的控制，在此过程中，知识工作者是被动的，带着事先确定的目的，而知识服务的动力是内生的，知识工作者是主动的，未被事先设限，是从下到上的过程。在此过程中，知识的演化、知识的创新与有序是自主地进行，它强调个人之间的对话，知识的共享是通过直接交流实现的。

来自攀钢集团的员工迟剑峰于2008年年底开始在网上创建和编辑了7 000多个词条。他甚至形成了一种条件反射：晚上出去散步，看到好玩的事，就编写一个词条。看到什么热门新闻，也写成一个词条。"我们每个人都有创作、交流的需要，网络正好提供了这样一个平台，那就去试试啦。不一定为了什么，就是一种分享和交流。"

如今，有一群和迟剑峰同样热心的人正活跃在各大百科网站上，不断创造新词条，修改旧词条，网络百科的知识库正变得越来越庞大。而这样一群人，被称为"维客"。

正是因为有了全球190万且人数还在不断增加的大量"维客"的不计利益乐于奉献，互动百科已经成为全球最大的中文百科网站，与百度百科、维基百科形成了中文百科市场上三足鼎立的局面。

对于几百万像迟剑峰一样的"维客"，如果仅用一种知识管理的理念和方法去调动和维持他们创造的热情，根本就不可能实现。没有一个传统的企业组织能够管理如此庞大的群体的知识生产，在短短的时间内汇集了392万词条，43.4亿文字，这不是依靠任何一个企业知识管理下的外在激励机制所能够取得的成果。

在这些开源的网络社区中，日常基本上看不到背后组织者的身影，组织者在社区中是隐形的，然而，却最大限度地强调知识工作者参与表达和创造的权利，尊重个体，促进协作，引导而不主导创新，相对于管理，更为突出服务性。对于知识工作者来说，开放社区是以个人为导向，为他们提供了一个充分自主的创新环境，使其可以充分展现个人潜力，提高并实现自我价值。从激励原则来讲，这是将激励的自主权，从而建立了一种自我激励机制。

在社区环境里，自我激励机制既适用于个体，其实也同样适用于商业企业。参与者只有在付出劳动后才能获得回报，这是开源项目的游戏规则和内在规律。英特尔的 Meego 系统本身是一个知识产品，基于它搭建起来的开放社区并不是一个知识的控制网络，而是一个以知识服务于知识的自由协作社区。成员企业在自己开发出来的软件商品化之后，也可以不再开放其源码，但是它必将为此付出更为高昂的代价。

假如开发者将 Meego 开发成一个成熟的发行版并且为某些设备生产商服务，那么你一定会期待 Meego 项目能长久地发展下去，这样才能获得更多的回报。此时你就不能仅仅索取，却不将用户信息反馈提供给社区。如果你为解决某一问题付出辛勤劳动，但是又不愿意将解决问题所产生的源代码提供给社区，在将来，Meego 项目可能会越发偏离你所想要解决的问题，造成你需要付出更多劳动或开发成本。

一个企业与其他组织维持有效的网络关系的能力已成为其生存与发展的关键。对于处在价值网络中的企业来说，知识是内生于组织网络资源体系之中的，尤其是集体隐形知识的内生和转化能力，是不能被复制和重复生产的，它不能被外包，所以在未来将成为一个社区组织最为核心的竞争力。

隐性知识是培育创新、增强竞争力的关键，而社区网络隐性知识已经成为了企业的一种特殊的竞争资源。由于知识存在于知识交流系统之中，系统中的各个成员之间存在着强烈的相互作用，并由此产生多方面的相互影响、制约的状态，知识就在知识交流过程中产生量的突变。有效的隐性知识的组织与利用必然是知识自组织，自组织是难于被管理的，知识服务是最有效的途径。

个体的隐性知识难以掌握，它集中存储于组织成员的头脑中，是组织成员们所获得经验的体现。知识自组织研究主要侧重于人的智力资源的开发与管理，它是一种全新的管理理念，在高新技术企业中知识自组织现象是普遍流行的，它侧重对文化、管理理念和协作创新等方面的研究。

在开放的网络组织环境中，企业需要通过建立学习型知识网络实现知识增值。日本野中郁次郎和根野（Nonaka & Konno）在"场所的概念：为知识创造营建一个基础"一文中提出的作为知识管理空间的"场"理论，对现有组织文化理论进行了重新诠释。

"场"也可以理解为是一种组织文化。组织文化亦即社区文化是企业内无形而有力的"作用场"。通过培养社区形成所特有的价值观念和文化，在社区内营造一种知识创造和知识共享的氛围，使得知识流动在组织内部成员之间处于低阻力"超导"状态。

作为社区的组织者必须有能力和组织各种"场"（它们不断随时间的推移出现、改变或消失），促进它们形成一个自组织的知识生态系统。这是通过组织复杂的学习型知识商业网络来实现的，在这些网络中，个体或企业相互联系、相互触动，获取与分享知识，将成为行动或变革的引爆点。

新的创意通常是在流动过程中产生出来的，它的商业载体如果是企业的话，应该是一个企业对创意流用心经营的结果；而如果是社区的话，因为主动权掌握在终端用户手中，所以是一个广泛培育和服务的结果。

在学习型企业内，也许需要设立一些教导员的职位，让员工在一边接受培训的过程中，一边学习，教导员传授边缘性创新思考技巧，开拓员工思路从而寻求到更多的解决方案。

在一个学习型的社区网络中，每个人都可以充当别人的教导员，并同时接受别人的教导。此时，社区需要的不是教导，而是需要多个话题的专业主持人，设定企业所需的特定话题，引导话题的展开而不至于发生很大的偏离，并在特定的时候对各种结果做出初步的筛选。

从知识管理转向开放的知识服务，这可能是企业在迅速变换和充满了不确定型的生态环境下一种能够保持自我和捍卫自我的最有效的途径。

第 四 章　企业社区平台化

"众包洞开了每个人心理的桃花源",这是一位读者在看完《众包》之后在网上的留言。桃花源是人类心灵栖息的地方,是每个人的后花园。

过去的一百年以来,工业社会尽可能地把我们培训成专业人士,然后再转往被称为企业或公司的地方,把那些专业技能释放到不同的岗位上。为了保证整个工业社会巨型机器的正常运转,每个人都不由自主地被卷入人才生产的流水线。然而,众包却让人们意识到原来在每个人心里还有一方尚未被开发的后花园,那里,有可能通往另外一条成功之路。

每个人都有可能利用网络发现并组织与自身潜力相匹配的外部资源,组建一个虚拟的微型企业,将兴趣或爱好转化成生产力。众包使得每人都是潜在的老板或企业家。

正如那位网友说的,众包将带来一个微观时代。未来将有无数的虚拟微型企业不断地涌现出来，它们相互之间没有明确的界线，而且随需求的快速变化而随时产生、变形，也可能随时消亡，组成覆盖全球的一个盘根交错的巨大经济生产和消费网络。

每个人的背后可能都有一个公司或生产网络，个体与个体之间将建立一种交往更频繁的商业关系。那将是一个大众生产和交易的时代，GDP的计算方式也不再以企业为计算单位，而是以个人或者社区为核心的更微型的单位生产力的总和。

45岁的司景国，网名是"上校舰长"，来自青岛。他从商前是军人，正团级干部。最初做船模是因为3岁的女儿想要船模，但自己的工资又不够买，所以他决定动手做。当年还曾经以两个模型15 000元的价格把产品卖给了一位机关领导，而那时他的工资只有100多元。

偶然的机会让他开始在网上展示自己做的航模、船模，没想到立刻引来许多军事迷的跟帖和热烈的讨论。其中有些当即要求购买，还有些非常专业的军事迷提出自己的需求，要求定制。很快从网上飞来了大量的订单，而司景国的产品也从船模、沙盘扩展到了舰模、沙盘等其他各种模型。很多模型的概念还是从网友的讨论中产生的，有些则是在大家的群策群力中不断完善成型。现在，在司景国每年500万的销售额中，有350万元来自于网络。

司景国生意的成功与他和网友形成良好的互动关系有很大关系，因此，他更注重维护这种关系，如今，每天"上校舰长"和他的员工要及时回答商友询问，通过即时通信软件向客户群问声好。如果遇到重大节日，不群发信息，而是对每个客户进行节日问候。

在阿里巴巴和淘宝网上有无数像司景国一样的个体创业者，他们有一个共同的特点就是一定要与直接的客户发生良性的互动，而组织形式却非常灵活，大多数都没有实体店，可以随需求而灵活地组织货源，发生交易。

互联网端到端的连接方式，使得用户可以自己生产，随时发生交换或交易。用户可以不再需要中间代理人而自我服务，可以说，用户就是公司、就是企业。用户可以自己成为生产资源的组织者，同时，用户也可以随时成为被组织者。

传统企业的地位受到来自大量突然冒出来的微型公司带来的挑战，会开始在网络社区中被分解和重组，他们要想在动荡的变革中维持自我，并取得发展，就需要学会如何善用这些散落在网上的大量"蚂蚁"对手，并使其成为自己的资源。

"真人秀"节目这两年风靡国内，无论是超女、快男这样的选节目，还是"快乐向前冲"真人赛，都有一个共同的特点就是，主持人与大众组成的专业人士加非专业人士的人员配置，实质上是大众自己在生产娱乐的同时，自己消费娱乐，这就是一种众包精神。

湖南卫视把娱乐的内容分包给大众参与者，由参与者自己生产，再向大众进行营销。在整个过程中，湖南卫视所做的，就是作为一个组织者，主持人，一个娱乐平台的提供者。它只预先设定一个娱乐的主题，以及一些基本游戏规则，目的是为了能把极富个性的大众召集起来，形成一个娱乐社区，自娱自乐。

与此类似的，在互联网上还有更多的例子。开源社区，iPhone 商店、阿里巴巴、QQ 会话软件，等等，都是由用户自己生产内容，自己消费，而此时的企业则由前端走向后端，成为了一个服务平台的提供商。

无数的没有边界但相互之间随时又有可能发生交易关系的企业以某种形式联系在一起，既能将社会成本降到最低，又能最大限度地满足用户对多样性追求，互联网发明了社区，企业发现了社区平台。

其实，众包可以分为两层结构：平台的资源共享层和多样化业务增值层。一些企业为了可以把那些散落在社区中间的其他大量微型而灵活的公司组织起来，为自己所利用，通过开源或免费共享的方式向网络平台商转化，让自己变成一个巨大的吸盘，可以吸附或者聚集大量的周边企业，来主动成为其平台上的业务增值开发商。

还有一种方式就是，企业彼此之间把共性的东西共享出来，搭建一个共同的平台或者一个商业网络，然后在此之上根据各自资源的配置能力，开发出不同的价值。企业也可以搭建企业级的众包平台，不仅对上下游合作伙伴、客户开放，也可以对大众或个人开放。每个企业都可以成为一个平台商，形成各自的商业价值网络。

阿里巴巴、QQ、谷歌等公共平台实际就是一些社会众包商业平台；苹果的 iPhone 应用商店则已经从一家企业级众包平台成功转变为社会平台；而 SAP 基于行业、伙伴和大众搭建的网络则是一个典型的企业级众包平台。

此时，企业与企业的关系将变成互为服务平台、互为创新平台、互为商务平台，这种交互服务体现在生产链上的关系就是互为供应商、互为承包商、互为客户，等等。

在这些平台上，所有参与者首先要奉献，把各自部分资源开放出来，个人要乐于分享自己的知识，企业首先要让组织变成开放型组织，只有融入到平台或社区中去，才能掌握和建立自身的核心能力。每个参与者都在为共享平台的搭建贡献了一份力量，同时更为重要的是，他们还是多样化业务的创建者，共同组成了业务增值网络。

企业是创意的平台

这是一场互联网的胜利，也是一场创新革命的胜利。

2009年4月份，苹果向第10亿个下载客户提供了价值一万美元的礼品卡、一个全新的MacBookPro、一个TimeCapsule驱动器，以及一个iPod，而这个幸运儿是一名13岁的美国少年。

此时，离苹果App Store软件商店推出时间不过刚刚过9个月，而据相关的数据统计，在该应用商店推出一周年的时候，卖出去的软件已经超过20亿个了。在短短时间内，通过网上零售能取得20亿产品的销售规模，这恰恰是工业时代以规模经济取胜的企业一直努力所追求却又永远无法企及的一个梦想。

"不要给他们订目标，给他们方向就行。"这是苹果式的创新原则，其目的是为了要引导人们进入一些他们从未梦想过的构想里去。苹果在公司内部倡导它，于是就有了能引来无数超级发烧友尖叫的iPod和iPhone，接着苹果又开始将它推广到公司外部网络，App Store这样一个软件开发者的梦想花园出现了。

App Store的革新意义在于开辟了一个全新的方向。苹果通过搭建基于App Store新的价值网络来重新定义利益的分配规则，在传统的运营商与终端制造商组成的封闭价值链之间，强化了软件开发商作为第三者的作用，打破了过去二者对于服务和应用的垄断，并使手机行业从封闭走向一种半开放状态。

真正突破性的发展是，苹果将iPhone内的软件开放给所有软件研发商设计，让它们可以自行研发适用手机的应用软件，供已经购买iPhone的人免费下载使用。开发者只需交99美元，就可以无限量上传应用并对应用自行定价，并可获得销售收入的70%。

在软件开发商的眼中，iPhone已经被作为一个运行平台，而不是一部手机。苹果将市场开放，就像是加入催化剂一样，提供了一个创新的温床，引导并加速了成千上万的开发商的持续创新。

目前来看,苹果已经成为应用商店"竞技场"上的领导者。苹果每周都会收到成千上万个新应用,App Store 每月的下载量已经超过1亿;基于 iPhone 用户人数计算,这意味着每名 iPhone 用户每月平均下载11个应用。

"在 iPhone 上已有8万多个应用软件,其中有些是针对天文爱好者的应用,也有针对环保人士的应用",这是最新 iPhone 中文广告的一些主要内容。8万多个软件意味着8万多种创新,它可以为用户提供无穷多样化的选择,其商业性是过去封闭价值链内的创新效果所无法企及的。

生活的趣味在于多样性。多数 iPhone 用户正是因为苹果能提供丰富的内容和应用而选择它,而且同样是从 App Store 下载10个应用,每个人都有可能与别人大不相同。另外,北美用户应用更新频繁,90% 以上的用户单个应用使用时间低于10天。基于这些理由,可供选择的应用数量永远不会嫌多。

iPhone 上程序之丰富,以至于有些虽然不是很实用,但是确实很有意思,可以完全满足人们对于个性化追求的无尽选择。在这些程序中有一款叫作 TouchWood(好运木),如果你想赶走坏运气,但是手头找不到一根木头?这个小小的应用程序能够在你的 iPhone 屏幕上显示一块木头。用手指触击屏幕上的木头,这款软件就会发出敲击的声音。

TouchWood 只是《商业周刊》评出的20个最古灵精怪的 iPhone 应用程序之一。iVoodoo(巫毒娃娃)也是其中的一款,通过这个软件,用户可以创造出5个不同的巫毒娃娃,并在上面钉满钉子。而且还可以给不同的巫毒娃娃起个名字,并个性化它们的面部。甚至还有7种不同的钉子可供选择。

2009年2月,虽然经济衰退仍在继续,但据美国市场调研机构调查发现,iPhone 用户在购买这些应用程序时,仍然保持一贯该出手时就出手的风格。在受访者中,超过15% 的人过去一年在安装应用程序上的花费近100美元,16.5% 的人的花费介于100~500美元之间。这是该公司在手机市场调研中第一次发现,人们在手机应用程序上的花费开始超过在手机本身和相关服务上的花费,这种现象具有某种标志性意义。

App Store 的这种半开放式开发模式正在促成软件开发商与用户之间产生良性的互动:应用程序越多样化,吸引用户的潜力越大;用户数增加得越快,吸引的开发商也会越来越多，而最终苹果 App Store 作为平台的效应会被越放越大。

作为放大效应之一，不久前，就连美国国家航空航天局（NASA）也加入了苹果开发者行列，推出了一款令天文爱好者无比激动的免费应用程序。这款软件除了随时向用户发送最新的 NASA 航天任务的信息、视频、图片和新闻之外，用户还可以观看当天 NASA 图片以及天文图，或者追踪国际空间站的当前位置和环绕地球轨道飞行的航天器，甚至还提供 NASA 的 Twitter Feeds 等。

NASA 的加入又是一个标志性事件，意味着将有更多企业、行业用户以及社会机构基于苹果的平台来开发自己的应用。它们的加入一方面会极大地丰富应用，另一方面更为重要的是，它们使得苹果 App Store 正在从一个企业级平台向社会平台转变，而苹果的手机则从一款单纯的手机成为了一个真正的社会工具和商业平台。

App Store 可以销售一个电子商务销售平台所能销售的所有产品和服务，包括手机应用产品：手机软件、手机游戏（非联网）、主题、音乐、图片、铃声等产品；在线应用服务：包括手机网游、社区、在线购物、在线流媒体等在线服务；运营商业务：诸如空中充值、运营商套餐产品、运营商数据业务产品；增值业务：各种 CP、SP 的增值业务，等等。

在微软看来，苹果上的那些应用程序非常"低端"，而苹果却正是利用这些"低端"的程序构筑起了一个庞大的商业王国。作为一家传统的硬件制造商，当硬件的边际效益越来越低的时候，要想向高端服务型企业升级，软件是最佳路径。同样背景下，IBM 选择通过增强自身的软件研发能力来完成转型，然而，苹果却另辟蹊径将软件的研发众包给了外部力量，而让自己努力成为一个集合大量创新的软件平台商，当平台开始发生吸聚效应的时候，围绕平台为基础框架的商业价值网络或者生态系统便形成了，而此时苹果的角色显然已经随之延伸并完全改变了。

当前，苹果还只是面对加入的开发商开放源码和技术支持，下一步苹果很可能走向完全开放，不仅如此，将来苹果手机等终端设备的价格也很可能越来越平民化。作为平台商，未来苹果的核心盈利渠道将来自于那些与创新应用相关的增值业务，这使得苹果将把大部分精力投入到增值业务服务中去，从而真正成为一个创新服务平台运营商。

苹果利用 App Store 在消费者和开发者之间架设了一个桥梁，终端消费者通过该平台付费下载应用软件，开发者利用该平台开发和销售应用软件，而苹果可以从中再收取服务费。作为一家传统的硬件企业，苹果通过众包使自身平台化，成功转型成为一家众包平台运营商，从而可以获得平台的双边市场效应所带来的最大效益。

在这种转型过程中，苹果公司发生的最大的变化就是，虽然同样都还是在做硬件生产，但是现在的苹果不再把手机这种产品像过去一样当成一种创新的黑盒子，消费者对其中装有什么内容并不了解，只能被动地接受，而是尝试把黑盒子一半进行了开放，引入了外部创新，让消费者拥有了前所未有的选择权和定制权。

从此，手机不再是一种工业产品，而是成为了硬件商、软件商、各种各样的商家或机构以及终端消费者之间一个沟通、社交的信息平台和创新平台。不仅如此，平台的优势在于具有最广泛的包容性，一旦消费者和商家都开始进入，人们可以从协同创新和协同生产开始，转向相互交易、相互服务，最终向电子商务演进。

当平台变成一个同时融合了生产过程和交易的地方，手机也就成为了一种真正意义的信息服务，而苹果公司则完成了"脱硬变软"的由蛹变蝶自我重塑的过程。

"互联意味着顾客与产品生产者密切联系，产品只是一个待发生的服务；而服务则是实际上的产品"，"产品和服务的区别已经模糊到了这样一个地步，以至于它们之间的差别成了一个陷阱。只有同时既是产品又是服务的供应才能成功"。《模糊经济——互联经济时代的生存之道》中的预言，今天正在得到实践。

企业是电子商务平台

从工业时代的"硬制造"到信息时代的"软生产"，这是一个时代的话题，也是整个社会的主题，所有相关环节都面临一次历史性的转型。

阿里巴巴是一个典型的电子商务平台，也可以说，它是企业平台化的又一个进化版本，不同的是，它是作为交易中间商经历的从实体店到虚拟市场的另一种"软进化"。

在工业时代，大型零售商场和类似义乌小商品集散中心这样的批发市场是中间商的典型代表，它们成功的关键在于及时组织适销对路的产品并能迅速将其传递到消费者手中。这样的中间商首先必须要有一个实体的店面来面对终端消费者，同时，需要库房进行集中的库存管理，尽管如此，它们对于哪些产品才是适销的，并不能进行准确的需求预测分析。

为了尽可能降低中间的交易成本，提高对需求的预测分析，过去的几十年以来，中间商们一直在试图改进与产品供应商和物流公司的战略联盟关系，并且通过加强整个供应链的管理，来提高对市场需求的把握能力。作为一家全球零售商的典范，沃尔玛是供应链需求管理的最为成功的企业之一。然而，从近年沃尔玛的"自我进化"轨迹来看，它也正在使自己越来越平台化，甚至可以说，在某些方面越来越像阿里巴巴了。

20世纪80年代末，沃尔玛才开始全面改善与供应商的关系，主要是通过计算机联网和电子数据交换系统，与供应商共享信息，督促其降低生产成本，从而建立整个供应链良性的需求联动。

沃尔玛自己建立了几乎所有的系统，不仅在内部做到了信息畅通无阻，而且还将某些系统延伸到了上下游整个供应链。比如，沃尔玛在整个供应链上建立了数据库智能分析系统，使用商业分析软件来创建业务报告和市场需求预测。

如今整个供应链的信息集成度已经达到了很高的水平，整个链条的数据交换迅速，精确的信息更让沃尔玛反应敏捷，能在第一时间对市场变化进行业务调整，及时更新商品的组合，组织采购、改进商品陈列摆放、营造舒适的购物环境等。

更为关键的是，随着沃尔玛与上下游供应商 ERP 系统、库存管理系统等各个信息系统得联通，供应商开始可以自己掌握需求的变化，以此为依据组织生产和配货。这样一来，沃尔玛甚至可以重新将库存管理交回给供应商，而它自身在库存这样一个硬管理手段上，逐渐开始变轻，成为了一个信息交互和服务的平台。

这是沃尔玛"阿里巴巴化"的一个重要指标，虽然，阿里巴巴是否是沃尔玛进化的一条路径现在还很难论断，但是二者出现了一个共同的特征，就是平台化。而在平台化之路上，显然，阿里巴巴走得更远，也更为彻底。

阿里巴巴的平台可以总结为"内容＋社区＋商务中枢"的一种综合模式。作为一家中间商，阿里巴巴并不卖产品，所以并不需要做实体的柜台展示，即使是淘宝网上的虚拟店也是由卖家自己承包，同时，阿里巴巴也没有任何的库存压力。

也就是说，阿里巴巴过去中间商承担的所有代理销售和存储的角色通过众包返还给了供应商，另一方面又把市场直接推送到了生产商的面前，使它们在与客户和消费者频繁地互动交流当中，随时把握需求变化，灵活组织生产。在整个过程中，阿里巴巴既是一个信息中介的平台，又是产消互动的社区平台，还有，它关键更是一个电子商务平台。

阿里巴巴目标是建立全球最大最活跃的网上贸易市场，从1998年创业开始，在短短几年时间里累积300万的企业会员，并且每天以6 000多新用户的速度增加。它不同于早期互联网公司以技术为驱动的网络服务模式，在发展初期专做信息流，首先抓基础，然后在事实过程中不断捕捉新的收入机会，走出了一条循序渐进的电子商务发展之路。

阿里巴巴汇聚了全球178个国家（地区）的商业信息，整合分类后，主要包括：①商业机会：有27个行业700多个产品分类的商业机会供求信息。②产品展示：按产品分类陈列展示阿里巴巴会员的各类图文并茂的产品信息库。③公司全库：目前已经汇聚4万多家公司网页。用户可以通过搜索寻找贸易伙伴，了解公司详细资讯。会员可以免费申请自己的公司加入到阿里巴巴"公司全库"中，并链接到公司全库的相关类目中方便会员有机会了解公司全貌。④行业资讯：按各类行业分类发布最新动态信息，会员还可以分类订阅最新信息，直接通过电子邮件接受。⑤价格行情：按行业提供企业最新报价和市场价格动态信息。⑥商业服务：航运、外币转换、信用调查、保险、税务、贸易代理等咨询和服务。

阿里巴巴每月页面浏览量超过4 500万，信息库存买卖类商业机会信息达50万条，每天新增买卖信息超过3 000条，每月有超过30万个询盘，平均每条买卖信息会得到四个反馈。

然而，这还并非全部，阿里巴巴非常看重对网上互动社区的培养和维护。比如，阿里巴巴提供来自全球的商人交流社区，其所有的供求信息由买卖双方自动登陆，会员之间以自由开放的形式在这个平台上寻找贸易伙伴，商谈生意。在这里，没有地理限制和时间障碍，全球无数的中小企业不仅可以交流行业见解，其中"咖啡时间"为会员每天提供新话题，为会员分析如何做网上营销等话题，而且不同语言的网站相互链接，内容相互交融，会员可以在与来自不同区域有着不同需求的企业的沟通中，发现和找到新的商机，最终大家盘根错节地结合在一起，形成一个整合一体的国际社区商务平台。

社区商务平台不同于一般意义上纯粹的贸易平台，它的一个突出功效就是让成员在共享、学习和协同过程中，推动整个环境的有机性群体重组和生态的进化。随着新企业纷纷进入市场，阿里巴巴企业种群规模增加，种群数量的增加和种群规模的扩大，使得企业之间的相互关系开始多样化和复杂化。比如，卖家之间出现了广泛的、形式多样的合作行为，如分享经验、相互调货、联合生产和促销，等等；同时，随着买家整体规模的扩大，以及电子商务开始成为主流的贸易方式，买家之间的关系也呈现出多样化发展趋势，如交流商务心得、共同采购、增加定制等，供应商与供应商之间，供应商与用户之间，用户与用户之间都会由此形成一种全新共生和互惠关系等。这种群体与群体之间的新型生产、营销和采购关系，正是网络众包的基础，也是众包的各种体现。

阿里巴巴的这种内容社区商务平台模式，为中小企业带来了一个无边界的快速成长契机，甚至为整体中小企业群体性生长营造了一个很好的生态环境。

余启明原本经营的是一家无锡化妆品 OEM 生产工厂，阿里巴巴电子商务的经历使其安然度过2008年年末的金融危机。在阿里巴巴网上与用户交流的过程中，他发现了一个新的商机，有人到阿里巴巴询购化妆品原料。要的不多，但品种不少，原来是化妆品开始流行 DIY。越来越多的人开始追求个性，专门为自己肤质量身定做化妆品。

很快余启明决定先在淘宝网上开设一个网店，没想到每天成交额即超过 5 000元，无心插柳长成了大树，到年底仅零售原料就卖了 100 多万元。后来，DIY 的人多了，有些动手能力不强的开始要半成品，指定配料的成品。于是余启明开始出白瓶包装的成品，其实质与大品牌 OEM 一模一样，除了没品牌，已经接近成品了。

电子商务发展速度是惊人的。2007年，余启明开始做自有品牌，给产品取名为植物语。很快，公司就有了欧美订单，以及来自东南亚主要是印度、越南的订单，而且印度订单的数量还增长很快，余启明还在孟买设立了分公司。

这些都是余启明以前所不敢想象的。众所周知，化妆品行业的门槛很高，余启明说，"一个新的品牌，以前给中间销售代理商铺货，没有一两千万，连华东区域都铺不过来。现在不同了，通过淘宝网平台发现了新的需求，而且找到了近一万个客户，最重要的是不用每个城市去铺货。原来像我们这种国产不知名化妆品，主要就是推二三线城市，铺货要到每个乡镇。而现在，我们一家店，全国都来买。启动资金大大降低。"

在阿里巴巴上启动一个企业的固定成本降到了最少，然而，投资回报率却大为增加。2008 年，阿里巴巴 B2B 平台上的中小企业中，25.04% 的企业在阿里巴巴

B2B 平台上每投入一元钱，可带来平均 234 元的交易额回报。

大范围地扶植中小企业的成长，对任何一个国家来说，都是一大难题，这需要花大力气会从底层生态环境上去解决。随着越来越多像植物语这样的小企业的加入和快速成长，阿里巴巴开始注重整个电子商务平台种群的打造，并以此为核心营造一个完整的商务生态系统。

电子商务平台种群由淘宝网及其兄弟公司组成，淘宝网直接为卖家、买家等提供网络零售所需的信息发布、营销推广、订单处理等服务，其兄弟公司阿里巴巴 B2B 公司、支付宝、阿里软件、雅虎口碑与淘宝网之间具有紧密联系，提供网络零售相关的支付、软件、搜索、广告等服务。

围绕阿里巴巴电子商务平台种群为核心，正在聚合越来越庞大的买家和卖家资源，促使了网商群体的产生，同时还吸引了大量合作机构的参与，如银行、物流、保险、IT 企业和营销机构等，这种核心平台、网商群体和合作机构构成的完整的开放生态系统，正在形成一个阿里巴巴经济体系。

企业是社区服务平台

无论是作为创新的平台，还是电子商务平台，企业平台化仍然是不够的。进入互联网时代以来，企业不同程度地经历了从硬件制造到软件创新，再从产品化到平台服务化的两个阶段转变，而现在一些企业正在进入最为关键的第三阶段发展，就是向社区化转型。

企业社区化仍然是一个全新的概念，虽然绝大多数企业都有自己的门户网站，但基本停留在单纯的信息传播功能上，与外界的互动很少，更别说利用这种互动来改变过去的商业创新模式了。

在这方面，德国 SAP 软件公司可以说是全球社区化转型最为全面的企业之一。到目前为止，SAP 针对不同层面的群体，包括开发者、合作伙伴、客户、业务流程专家以及其他重要的商业人士们，开设了一系列创新社区群，对其进行引导和协同创新，进而实现社区成员的互惠互利，共赢共生，打造出了一种全新的立体化商业价值网络或 SAP 的自由经济体系。

SAP 开发者网络 (SDN)：确保专业成员在一个强大的、高效合作的环境中，运用论坛讨论、博客、wikis、软件和工具下载、e-learning、特别设计的程序来实现共同创新。通过建立虚拟团队来共同创建和提升产品开发项目，开发者可以帮助 SAP 发现新的创新需求，从而补充现有产品并满足客户需求。

业务流程专家社区 (BPX)：通过不同成员的参与来缩小商业与 IT 之间的差距，如论坛、wikis、教育和专家博客中的商业分析员和应用软件顾问通过合作，共享最佳实践及集体学习来驱动流程革新。

Business Objects 社区 (BOC)：提供各种各样的资源，这些资源能够帮助成员运用 Business Objects 的软件来获得解决方案。成员可以从社区的开发者讨论中获得免费的文件下载、培训和认证以及最新的信息。

行业价值网络：将业内顶尖的独立软件供应商（ISV）、技术提供商、系统集成专家（SI）与 SAP 及其客户公司联系在一起。行业价值网络项目下的各个小组注重信息共享，旨在实现高效创新，使业务、软件开发和市场计划三者结为一体，实现供应商之间的相互协作。

企业服务社区 (ES Community)：300 多家顶尖客户与合作伙伴团结协作，携手定义新一代的企业服务内容，继而由 SAP 创建出上述服务，供整个 SAP 生态系统中的合作伙伴和客户们使用。

行业标准：在多样化的 IT 环境中，确保 SAP 平台的公开性，并能与其他供应商的解决方案兼容。通过行业标准，SAP 在行业、业务流程和基础设施等层面上实现更广泛的行业协作。

社区驱动的解决方案交易平台 (EcoHub)：SAP 的合作伙伴可以将它们的解决方案放在这个平台上，供客户来选择。这个交易平台最大的意义在于合作伙伴可以与不同行业的客户进行充分交流和沟通，从而使合作伙伴可以更多地了解到客户的需求。

除了设立网上社区外，SAP 还组织了线下社区式的固定合作项目，比如，SAP 共同创新研究院通过提供一种实际操作环境，让 SAP、客户和合作伙伴们可以在这里共同探讨创新话题，展示最新的业务解决方案和各种新技术。还有，SAP TechEd——最佳的技术培训类大会，定期召集客户、合作伙伴、咨询顾问和研发人员聚集一起，进行面对面的交流协作。

通过一系列的线上和线下的社区化运营，SAP 正在将与软件相关的各种创新、营销以及服务环节——引入社区平台的经营模式，来完成对企业结构、产品、商业理念以及商业模式的改造和重塑。在全新的框架下，无论是开发者、合作伙伴，还是客户，都已经成为 SAP 企业价值的相关利益者，他们可以在社区共享知识和经验，协同创新，并且都能各取其利。

如果说像 SAP 企业级的社区化改造还只是零星个案，那么，近一两年来，在互联网上，则正在形成一股大社区化的融合趋势。越来越多的互联网企业已经不再把社区当做一种附加的功能，而是开始用社区的思想指导和改造产品、内容和商务模式。

在互联网上一切都正在社区化，不仅仅是社交网站在社区化，Web 2.0 网站在社区化，IM 在社区化，搜索引擎在社区化，电子商务在社区化，视频也在社区化……

目前，在国内，凭借在社区领域的绝对优势，腾讯、阿里巴巴、百度已被视为中国互联网的新霸主。如果说阿里巴巴围绕全球中小企业以系列平台种群为支撑，构造了中国最大的电子商务平台及社区，那么，拥有的 8.56 亿 QQ 注册用户，打造出国内最大在线生活社区的腾讯已被众多分析师看做是国内最具前景的互联公司之一，此外，百度也通过打造百度贴吧、百度知道以及百度空间等社区进一步巩固其国内第一搜索引擎地位。

从某种意义上，腾讯业务延伸到社交网络顺理成章。事实上，腾讯早已是中国甚至全球最大的社区：从一个简单的 QQ，到 QQ 群、QQ 空间、QQ 校友到未来的白领等垂直领域社交网站，从个人、到小社区到一站式的大社区，腾讯的野心"昭然若揭"——打造一个包罗万象的、服务上至老年人、白领、商务人群、下至青少年的综合社区。

不仅如此，腾讯已建立了一整套的社区体系。围绕通信平台、娱乐平台、媒体平台、商务平台四大平台，腾讯将联通各平台之间的底层数据库，使用户只需一个账号就可以自由来往于各个平台，从而打造出一个腾讯的"在线生活社区"。在腾讯社区里，未来的网民能享受像水和电一样便宜迅捷、无所不在的"一站式互联网社区服务"。

搜索引擎在社区化方面也成绩卓著，百度的知道、贴吧、QQ 的问问都是尝试在机器不能精确回答问题的情况下，通过建立社区的问答体系来满足用户的需求。

盛大至少已经做了五年的准备，就是为了打造一个内容，社区，服务（3C）三足鼎立的完整商业模式，而且将这个 3C 战略作为盛大发展的长期战略来实施。盛大将建立了一个统一的平台,来保证和促进内容、社区及商务系统三者的和谐发展,尤其是需要通过完善内容,来巩固和加强社区与商务系统。

巨人游戏公司在大举收购社交网站,依托网络游戏进军社交市场;国内最大的手机网游平台当乐网(D.CN)在学习和借鉴日本的Mobagetown的成功模式。新浪、搜狐等传统门户网站也在纷纷向SNS方向作战略转移。

几乎所有的网站都在社区化,无论是网游,还是电子商务,其商业模式的基础都是社区。社区化不仅是一种基于人与人关系的互联网模式,它已经成为了互联网的一个本质,一个基础的核。

其实,互联网社区化只是又一场即将来临的变革风暴的源头。社区化的互联网正在对用户的行为方式、对价值的认知、对用户和企业之间联系的方式等产生深刻影响,这种影响已经从消费端传递到了生产企业,并最终引发企业变革的群体性爆发。

企业的网络社区化已经势不可当。

第二部分 回到商业的"田园"

第五章　企业的生态优化

在豆瓣网上，每个人拥有的是一个性格身份证。

我今天看了《死亡诗社》，我还看过《爱比死更冷》，这些都成为我的标签。我的身份由我自己留下的这些轨迹来标记。这些标记意味着什么？意味着我们正在用一种客观化的精神食物来定义自己，它们组合在一起成为我们性格的身份证。

这样的个人定义与我们在现实组织社会中用身份证、学历证书以及各种证书来表明自己的身份是两种完全不同的方式。在网络社区里，对于个人的定义是去结构化的，这代表着每一个人随时可能会根据任何一种物化的精神（标签）将信息流重构，在重新定义自己的同时，也为他人的重新定义提供了新的坐标。社区标签的复杂和多样化程度甚至可以媲美人类基因排序图谱，每个人不断被标签重新定义，并因此获得一种更为独特而立体化的存在，这构成了网络社区的基本价值架构。

与去结构化相对应的就是有机化和生态化，互联网从产品化阶段、平台化阶段发展到社区化阶段，从过去以技术为中心回到了今天以人为中心，从技术主体化到技术服务于主体，使得个体、组织和社会都获得了一种按照自然生态序列的机会重新发生联系。

被标有相同标签的个体或企业自发性（以意识形态和利益为驱动）地聚集在互联网上的某个开放式平台上，形成内部相对静态平衡（具有相同的标签）和外部相对动态稳定（参加和离开处于松散状态），构成了一个生态型自平衡系统。

信息在动态地流动中形成一个个社区，有效的社区是一种意识形态与利益的共同体，个体或企业在形式上的联系较以前具有更高的自由度，而在思想情感或利益上的联系却比以往任何时候都更为密切，相互作用的企业和个人所组成的经济群落及其外部生存环境之间，共同发展，共同进化。

随着企业越来越多地将功能虚拟化，企业之间的边界也会变得越来越模糊，企业相互没有边界地咬合在一起，你中有我，我中有你。甚至连企业过去所在的整个价值链边界也开始柔性化，并在更大范围内重新进行价值重组和整合，传统的价值链正在向更复杂的价值网络发生演变。

在众包的环境下，企业呈现的是一种多维的生存状态，众多的这些企业由于共同的利益联合在一起，形成了一个个纵横交错、结构复杂的生态综合体。任何一个企业都必须生存在一个到多个生态系统之中，才能取得长期的发展。企业之间的竞争因此也转变成价值网络之间的竞争。

最早提出商业生态系统（Business Ecosystem）概念的是詹姆斯·弗·穆尔（James F. Moore），他运用生物学原理于组织战略研究形成了商业生态系统理论。在他看来，在产业界限日益模糊的情况下，竞争来源于企业所属的企业生态系统间的对抗，单个企业应该把自己定位于一个企业生态系统的特定成员。

20世纪商业体制的主要内容是集权，企业经过不断的纵向一体化的集成，其结果是规模越来越大，最后成为了一只什么都能做的巨型全能恐龙。信息时代，当富有创新精神的用户能自己将真正想要的东西制造出来，而不是让制造商代为完成，企业的地位受到了空前的挑战。

企业不再是依靠资本和对稀缺资源的占有而形成的特权组织，而是由消费者的自我需求随时触发的民主化动态组织，单个的企业竞争力骤然下降，因为它对外部的依赖性被空前放大，企业很难再单独生存下去，必须也只能学会联盟发展。

波特认为发展中的种群吸引着与之相隔甚远的孤立公司和行业的资源。这是因为种群能更有效地开发这些资源。行业的概念是种群模式的核心，同一行业在世界范围内的竞争对手的自然扮演着推动力的角色。

一个处于价值网络中的企业自然要比孤立的企业更有竞争能力，一群企业共同发展，不仅可以增强资源的合理配置，降低成本，更重要的是，能够提高集体的信息获取能力和创新能力。一个商业生态系统只有不断地创新才能获得与其他生态系统竞争的能力。

企业生态是一个完备的系统，其主要成员包括核心企业、消费者、市场中介、供应商、风险承担者和利益相关者，乃至竞争对手。基于社区的企业生态系统本身是开放式的，其产品生产、经销商、供应商、顾客乃至产业链的各个层面均与传统商业系统呈现多点网状的交叉与融合，企业相互之间的关系相互融合，更为复杂，不确定性因素大为增加。

对于一个企业的生态综合体来说，个体之间的存在关系越繁复，组织结构越复杂，种类越多样，能量流动越顺畅，机能构成越是充满活力，互补性能越强烈，系统越是稳定，就越会使生命活动及生命共同体蕴积着无穷的活力。

互联网使企业的生存和发展正在获得一种趋于生态优化的结构，在这种结构当中，企业的边界是相对的、模糊的、变动的，通过利益分配、相互合作的机制，共享知识、信息、技术、渠道等，个体或企业之间形成一种多维的相互服务、互为限制的价值互补关系，既尊重个体的多样性，又限制单个企业的无节制发展。

在企业生态系统内，每一个企业都有各自活动的序位，与自然生态系统中的物种一样，有合理的"优胜劣汰、新陈代谢"的进化机制，并能从这种动态的竞合中，不断地获得创新的活力，最终与整个生态系统同呼吸共命运，从而形成一个自组织、自演化的生命共同体。

企业生态化

如果把商业生态圈类比为大自然生态圈，那么，一家企业或企业集团通常是商业生态系统中的一只羚羊、一队候鸟、一片灌木林、一抹阳光、一片水域或是一片土地。

即使是最出色的企业也可能被周围条件所毁灭。任何一个企业都应该与其所处环境即商业生态系统共同进化，而不只是适应、竞争、合作或企业组织的单独进化。

1996年，詹姆斯·F.穆尔在《竞争的衰亡》一书中特别强调，企业要成功，仅仅完善自身还不够，还要塑造整个企业生态系统的发展，因为其所处生态系统的前景制约着企业的发展。那些自身能够构建生态系统的企业，将会更具竞争力。

企业生态系统并非一个最新的概念，然而，互联网社区的这种生态化结构不仅加剧了企业相互之间的有机联系，而且让企业获得了一种进行生态化转型的工具：企业在完成先期的社区化自我改造之后，再围绕社区平台打造一个属于自身的立体、开放的商业生态系统。

经过六年多的建设和发展，淘宝网生态系统初步构筑成型。参照种群生态学对企业生态系统的定义，当前，淘宝网生态系统全面涵盖了企业间交易、个人零售购物、个人生活服务三大互联网板块，以社区化电子商务平台种群为支撑，吸引和连接了卖家种群、买家种群、供应商种群、物流服务商种群、软件服务商种群、金融机构种群等多个群体（盛振中，"淘宝网生态系统中种群成长研究"）。

阿里巴巴集团研究中心盛振中对其中各生物物种组成做了详细的分析和解读：

电子商务平台种群：由淘宝网与阿里巴巴B2B公司、支付宝、阿里软件、雅虎口碑组成，相互之间互为服务和支撑，构成了整个生态系统的核心，为成员提供了必不可缺的交易环境。

卖家种群：由在淘宝网上从事网络零售的个人和企业组成，他们把品种丰富、数量巨大的商品发布到网店上，通过多种方式销售给买家，满足其消费需求。卖家种群根据行业、地域、规模等特征又可细分为多样化的种群。

买家种群：由淘宝网上的消费者组成，他们通过浏览、搜索等方式，寻找到自己中意的商品并购买。买家种群根据年龄、性别、活跃度等特征又可细分为多样化的种群。

供应商种群：由为卖家提供产品或服务的企业和个人组成，他们可能通过网络渠道（比如阿里巴巴B2B公司网站），也可能通过传统渠道（比如批发市场）为卖家服务。有的卖家也可能扮演供应商的角色，为其他卖家提供产品或服务。

物流服务商种群：由专业的物流服务商组成，通过对接淘宝网平台提供面向网络零售的物流服务，供卖家、买家选择。

软件服务商种群：由软件公司或软件开发人员组成，基于淘宝网开放的平台和数据，为卖家、买家提供种类丰富的软件，支持网络零售相关的环节。

金融机构种群：由银行、保险公司等组成，为卖家、买家等提供网络零售相关的支付、贷款、保险等金融服务。

除以上主要生物种群，淘宝网生态系统还不断吸引着提供网络零售相关的咨询、培训、营销等服务的组织和个人，他们以多样的方式提供相关产品或服务，满足卖家、买家等多样化的需求。

在整个淘宝网生态系统中，连接各成员种群企业之间、平台和系统环境之间的纽带是各种资源，这些资源的内容和形式是多种多样的，如信息、资金、人才、技术、服务、知识、物资等。他们彼此在业务、信息、知识资金等方面互为依赖与合作，系统内部的社区网络构成了信息、知识和能量流动的通道，结点企业之间形成分工并依照一定机制进行合作与协调，互相提供产品或服务，从而形成一个由多种关系交织而成的多重复杂的社会经济体系。

所谓企业的生态化，其实是需要企业按照一种生态自身的原理和规律去改造内部的架构，以及发展与外部的协同进化的关系，通过竞合战略将毫不相关的贡献者联系起来，创造出一种崭新的商业模式。

为了全面构筑淘宝网生态系统，淘宝网从各个方面进行努力，来推动整体生态化的进程，使其最终向复杂自适宜系统演变。

开放网络技术和商业模式。淘宝网开放平台将向外界提供淘宝网 C2C 电子商务平台的 API 接口（应用程序可编程接口）、开发环境以及商务应用环境等。任何人都可以免费、平等地利用 API 进行产品开发，构筑各类商务应用环境和工具，如卖方营销平台、买方浏览工具、存货管理、物流管理平台、移动应用及新媒体终端应用等。这种开放性有力地保证了淘宝网以用户为中心来搭建开放的基础应用平台，提供多维的增值服务。

保持系统的多样性。一个系统由多层次、多功能的组分构成，组分之间的联系广泛而紧密，构成一个网络。淘宝网通过合作不断接纳和更新系统成员，保证系统自由地与外界进行信息和物质的交换，形成良性循环。系统的边界由此不断扩大，目前，淘宝网的合作伙伴已经超越了网络零售行业。它同时致力于与电信运营商、手机制造商、媒体等的合作，为促进网络零售更广泛、更健康发展奠定了基础。

推动系统的协同性。淘宝网正在通过打造信息和知识共享的社区平台,让知识能够在网络环境中以边际成本接近零的情况下迅速复制和分配,最终推动各成员企业之间以及各种群之间进行交互式沟通而形成一个广泛的知识联盟,并在此基础上保持高度的协同性。各成员企业可以通过共享和学习获得从现有知识中产生新知识的能力。这种学习创新能力不仅是为了避免结点企业脱离既定的目标,而且更重要的是形成超常规的洞察力。通过实施各自的战略行为,创造新的竞争优势,以谋求共同发展,从而提升整个生态系统的生命力。

在企业生态系统环境下,竞争的战略也正在发生质的改变。由于缺乏充分分享资源、信息和利益的技术工具和相应机制,传统企业的封闭性导致其更加注重对稀缺性的有形要素和有限市场空间的占有。企业间的竞争远胜于合作,企业不得不最大限度地调动一切有力条件,来进行你死我活的排他性"硬竞争"。

在网络环境中,企业生态系统的开放性使得企业不仅可以便捷、经济地获取各项资源,更可以通过网上交易,从其他企业那里直接获得职能上的支持。对企业来说,重要的并不是已积累了大量的资源,而是是否充分拥有对信息、技术、核心能力和人力资源等无形要素的调节和配置能力。企业生态系统的柔性经营减缓了企业空间边界的摩擦,相互之间捆绑更为紧密,没有哪家企业能够单独创造未来,竞争向深度和广度扩展,企业间的竞争由"硬竞争"变为"软竞争",协同竞争成为企业的最佳选择。

耶鲁管理学院的巴里·纳勒布夫(Barry Nalebuff)教授认为,现在游戏对于玩家而言,既意味着竞争,也意味着合作;企业竞争的语言已从一种战争语言转化为一种和平的语言。竞争是为了更有效地合作,合作才能更长久的竞争。

企业之间、种群之间是有关联的,相互作用共同进化的生态关系。淘宝网和支付宝就是这样一种关系:没有支付宝,淘宝不可能获得安全的支付环境,淘宝就不可能有今天的发展。而如果没有淘宝网,支付宝根本就没有这海量的客户,不可能迅速发展起来。

不仅如此,在一个良性循环的企业生态系统内部,随着成员之间关系交织越复杂,互动越充分,还会自然而然地生长出新的业务机会。淘宝网的绝大多数增值服务都是在此基础上发掘和开发出来的,比如,在积聚了大量的人气之后,淘宝开始陆续为网商提供开网店的培训和即时通信、支付、物流等配套服务,而其他相关商家为网店提供广告和网店装修等服务……

生态型企业不但有发展内部，也带动外部。越来越多的外部商务服务机构和企业基于该网站平台为客户服务，也为越来越多的企业创造了机会。今后整个淘宝网生态系统中还会源源不断地涌现出更多的新业务，因为这正是一个生态系统的生命力带来的群体共同进化效应。

它本身就是一种生态现象。

从价值链到价值网络

企业的生态化意味着必须以用户为中心重新架构组织，把用户纳入企业的利益关联链中来，使企业研发、采购到生产加工、销售全面面向用户开放，而企业组织的构成单位从专业化的职能部门演变成以任务为导向的知识小组，从而构筑生产和消费一体化的快速反应机制。

然而，生态概念的核心内容更应该是关乎群体的，企业改造内部是为了能够更好地融入大环境，在既有的资源约束条件下，根据客观环境的要求，确定适应的发展目标，并在这一目标的引导下，与外围企业形成更合理、更有效的共享、协同和价值交换的动态平衡。

因而，企业的生态化之后必然是企业价值链的生态化。传统的企业价值链是通过物流、信息流的流动实现整个商业链条的价值增值，其中价值链环的核心企业是价值链中影响价值实现的关键。随着企业的生态化，网状的创新结构使得每个节点都可以创造出价值，而且组织方式上的柔性也越来越要求联盟管理成为价值增值过程的关键因素，这使传统价值链结构不得不面临开放和重组。

价值链概念最早是1985年由哈佛商学院的迈克尔·波特(Michael E. Porter)在《竞争优势》中提出的。价值链概念的形成源于产业经济的观点，即一个产业的价值活动由上游企业向下游企业传递，由于每个产业的技术特点不同，相应每一个产业都有其结构独特的产业价值链。处于价值链各个环节的企业的竞争优势主要来源于它自身和竞争对手在价值链上的差异。

互联网改变了传统企业的生产、采购、营销及售后服务活动的方式，价值链的边界变得模糊，价值不再只是在某一个封闭的链条上传递，而是不同企业间的价值链出现重新分解、重组、交互和融合的现象，此时，价值链开始发生演变，并最终形成了开放的、多层次交互的具有生态系统特征的商业价值网络。

IBM一直在积极分拆价值链，并把创新成果外卖，从出售专利使用权中获得了高额回报。2001年，IBM的技术授权收益就高达19亿美元，约占该年度税前收入的17%。IBM为了让外界方便搜索自己的专利信息，还专门成立了新公司Delphion，以提供"世界上最受欢迎的专利信息在线搜索服务"。1993年，IBM向苹果公司出售2.5英寸磁盘驱动器，苹果公司利用此驱动器生产畅销的膝上电脑PowerBook。虽然当时IBM自己也生产膝上电脑ThinkPad，但是IBM认为与其将先进的磁盘驱动器用于自己的产品赚取利润，还不如通过销售磁盘驱动器赚取更多的利润。到1997年，IBM生产的磁盘驱动器有一多半用于出售。

IBM将研发的价值链从前端进行拆解，从过去的研发到产品化的封闭链条中，通过交易的手段引入了更多的产品化厂商用户。实际上，不仅如此，IBM还早已开始把后端的研发环节也对外进行了开放，引进了外部的研发资源。这样一来，IBM的研发价值链便发生了生态化的转变，变形成为了一个研发的价值网络。

价值网络的观念是由美智顾问公司（Merceer）的著名顾问亚德里安·史莱渥斯基（Adrian Slywotzky）在其《利润区》(Profit Zone)一书中首次提出的。他认为，是顾客的需求增加了国际互联网络的冲击以及市场高度竞争，为此，企业应该改变事业设计，将传统的供应链转变为价值网络。

哈佛大学教授理查德·诺曼（Richard Normann）等人在所发表的文章"从价值链到价值星座体系中分析认为，必须在生产企业和顾客之间设计一种交互式的策略，实现原有的价值链向价值网络的转变，从顾客开始，允许顾客自己设计产品，然后为满足顾客实际需要而进行生产。

目前，有效整合、利用企业外部资源的能力已经成为企业创造价值的关键。美的公司创造了"创意与创新走群众路线"的开放模式，即向消费者征询新产品创意，并请消费者参与到产品前期的研发活动中来，让研发人员准确地把握消费者的需求，以适时互动完善新产品。

春兰集团不仅拥有国内企业界最大的全球开放式创新平台，而且于2004年率先建成了赶超世界最新技术的企业博士后开放式创新基地，以吸引全球"智库"中的一流科研人才，整合世界最新科技创新成果，从而取得能支撑春兰新产业的产生或现有产业更新换代项目的突破。目前，春兰高能动力电池的研究已经达到世界最高水准。

美的和春兰通过面向消费者开放研发，从而成功地组建了各自的研发人才价值网络，从而将研发成果产品化的成本降到了最低，使得企业自身与消费者都各有获益。

斯雷里拉斯·塔卢芮 (Sriniras Talluri) 认为价值网络是由价值链各环节上不同成员动态整合而形成的拓扑空间和价值流动的网络。企业在生态系统内相互联系、相互依赖的结点企业因价值链的整合而形成的有关价值生成、分配、转移和使用的网络关系。

企业被置于资源、信息等物质流所组成的网络之中，价值网络潜在地为企业提供索取信息、资源、市场、技术以及通过学习获取经济利益，并帮助企业实现战略目标，如风险共享、价值活动或组织功能外包、组织能力提升，等等。

价值网络有别于价值链，价值链依赖于一个企业自身所拥有的组织以及该企业与供应商之间所商定的并且有严格控制的合同。而价值网络中的企业保持灵动的商业关系，彼此之间可以进行协调行动，多个企业形成相互拥有互为供应商、互为客户的一种动态的价值依赖关系。价值链的成员企业规模通常不会发生剧烈的变化，而价值网络的边界是柔性的，结点企业的个数随着市场机遇不断发生变化，其规模临界点可随着市场机遇而不断改变。

同传统价值链相比，价值网络为成员企业提供了更多的战略选择和合作机会，成员企业间的价值关系会随着合作角度、范围、相互影响的变化而变化，从而更加有效地保证企业之间的有机联系和协调能力，减少了企业经营风险，提高企业生态系统对环境的适应性，具有更高的资源配置效率。

价值网络不但使企业创造价值的范围从封闭的价值链上得到了拓展，而且赋予了相关合作伙伴等利益群体对企业资源的相互共享权，企业即使在核心竞争领域也能够获得外部的资源配置权，通过网络中不同层次和不同主体之间的互动，形成网络效应，使处于每个网络节点上的企业或组织在协同创新中得到更多的价值。

当前，全球经济经历了前所未有的风险和动荡，全球商业环境处于一个关键的转折点，要想从当前的形势下胜出，企业必须把自身从传统的价值调控机制中解放出来，以更为开放的结构融入市场，并与外界展开更广泛的合作和高度的协同。

企业不能再停留在一个局限的价值链小圈子里，像过去一样仅从内部需求出发来决定是否和如何增加供应商和其他销售渠道，把价值创造活动通过线性的调控和协调，固定在研发、生产、市场营销、人力资源以及财务等环节之内，进行有利润的产品交付和服务。

在价值链下的企业正在面临倒闭的危险。美国次贷泡沫破裂引发的金融海啸，使我国不少地区的产业遭受重创，企业遇到了空前的困难，部分地区出现了大面积的企业倒闭、停产。其根本原因就在于，在价值链的结构下，企业只有不断通过削减成本和降低价格，才能获得利润的回报和作为下一轮创新的支撑。当一个企业的成本削减得不能再削减之后，将会发生什么呢？在该企业把成本降低为零时，当然这一目标是不可能的，最后作为价值链低端的企业必然会成为首批的牺牲品，从此消失。

价值网络的出现从本质上改变了企业的盈利模式，使其从规模经济向范围经济过渡，也就是说过去通过协调价值链进行大规模生产来降低成本的企业生长方式，已经遇到了成长的"天花板"。在价值网络的商业模式下，企业将生产、营销以及管理等各个业务环节重新进行了网状的布局，每一个网络节点都有可能通过创新获得新的价值，虽然生产的规模大大减小了，但是品种足够多样化，同样可以获得利润的最大化。

每个企业都是一个庞大的商业生态系统中不可分割的一部分，同时，企业每开拓一个新的价值网络关系，意味着它将面临一个新的成长机遇。价值网络为企业带来的是一个全新的商业生态系统，让其可以有更多的方法来获得成长。

在不同价值网络中，每一个企业可同时存在于多个价值链条上，不同成员之间的价值链出现重合交错，不同价值链的主体互为资产，以低成本的方式进行相互协作，实现整个流程的互动模式。

价值网络是产业集群吗？

全球化背景下的世界经济体系好比"一串串珍珠"，将颗颗"珍珠"（产业集群）穿起来的条条"金线"就是全球价值链。这一比喻形象地说明了价值链与产业集群的关系。

在过去的一个世纪里，基于产业价值链的基础上，人们发现有交互关联性的企业、专业化供应商、服务供应商、金融机构、相关产业的厂商及其他相关机构等更容易发生地理位置上的聚集，从而形成一种介于市场和等级制之间的空间经济组织形式。

杜克大学的加里·格里菲（Gary Gereffi）把价值链视角扩散到一个国家甚至全球，他认为全球价值链中各个价值环节在形式上虽然可以看作是一个连续的过程，不过在经济全球化过程中随着海外分包网络和海外直接投资等的发展，这一完整的价值链实际上在空间上一般离散地分布于全球各地，而分离出去的各个价值片段都具有高度的地理集聚特征。

也就是说，随着某种核心技术或工艺产业链在全球的延伸，在特定区域内形成具有竞争与合作关系的企业种群，即产生了产业集群。因此，产业集群可以认为是产业价值链的必然衍生现象。

同样是企业种群的聚集，价值网络是在对价值链的解构和重组之后形成的企业种群更丰富、范围更广阔、超越地域限制的动态产业集群。价值网络也必然带来产业的集群。

那么，基于价值链的产业集群与基于价值网络的产业集群二者的内生逻辑与内在运行机制到底存在哪些异同之处？

对于产业集群这一世界性的经济现象，最早的研究可以追溯到亚当·斯密在《国富论》中的论述。波特从竞争经济学的角度，把产业集群定义为"在某一特定领域内相互联系的、在地理位置上集中的公司和机构的集合，它包括一批对竞争起重要作用的、相互联系的产业和其他实体"。

相互关联、高度专业化的产业有规律地聚集在一个区域，相互竞争和协作，形成各具特色的产业集群，对提高整体的创新和竞争力有很强的促进作用，可以通过提升内部的稳定性来共同抵御外界的动荡。

在价值链上的产业集群的核心是在一定空间范围内产业的高度集中，这是因为地域的集中性方便企业采取面对面的信息交流方式，物流成本较低，有利于共享资源和促进知识与技术的转移扩散，同时频繁交易节约了交易成本，从而提高规模经济效益，提高产业和企业的市场竞争力。

然而，价值网络内的产业集群并不需要以地域为基础，价值网络既可能是全球性的，也可能局限于一个有限的区域，它可以根据商业机会进行动态的组织。由于互联网通信技术的飞速发展，企业可以不必要形成地理上的聚集也同样能最大限度地降低交易成本，因而地域对于成功的决策已经显得远远不那么重要了。当然，地域并没有失去它的价值，只是它的重要性相对减小了。

如今，企业竞争优势不再建立在地域上，而是转移到了企业的社区平台上，后者让企业得以突破地理约束进行分布式创新和协同。宝洁通过建立不同语言版本的"联系+发展"社区创新网站，聚集了来自世界各地的创新资产合作伙伴以及研发人才，使得分布在不同地区和国家的企业与个人能跨越地理限制展开协同，共同推动某一项技术或产品的创新。

另外，宝洁还设置了"外部创新主管"这个职位和创建了分布在世界各个角落的创新侦察员队伍，后者的人数多达70人。他们组成宝洁公司的知识小组，每天要在网上搜索和查看上亿的网页、全球专利数据库和科学文献，以"大海捞针"的方式，找到对公司有利的重大技术突破和专家学者，邀请其不必迁移也能参与公司创新，从而形成人才的集群。

从产业组织的角度看，价值链的产业集群实际上是在一定区域内某个企业或大公司、大企业集团的纵向一体化的发展，因而也决定了其创新机制的特点和不足。

价值链的创新通常是由一个或几个核心企业根据自身发展的需要发起，或者政府通过对产业基地进行无休止的投入来鼓励创新，不管是哪种方式，其实质都是一样的，即都是组织内或机制内的一种自上而下中央集权式的创新，基于地理位置的产业集群实际正是这样一种创新方式的产物。

价值网络则通过众包使得创新更多来自于企业外部的力量，来自于大众。个体是创新的重要力量，也是社会创新的能源。因而，基于价值网络的创新，是来自市场的、自下而上的，更开放和民主化的，因而经过消费大众共同参与集体决策的。此时，创新也不再是资本说了算，而是直接从需求中产生的，是一个开放的环境对于个体价值的普遍再发掘。

围绕这些创新而组织起来的各种各样的资源配置企业，因为一种共生关系而形成的产业聚集与价值链产业集群有着完全不同的内生逻辑以及创新文化。

在过去的一二十年里，全世界各地都在致力于打造类似美国硅谷那样的地理上的产业集群。从欧洲到亚洲，以及中东，各国都在跟风，"硅谷"已经被拷贝到了全世界各地。一些专家认为这种做法已经造成了不可挽回的失误，世界银行给出的评估是，拷贝"硅谷"的成功率只有50%，有的人认为甚至更低。

欧洲在高等教育上的投入非常可观，也拥有许多世界一流的大学，其中很多学者和研究人员都曾获得过诺贝尔奖，但他们的很多想法仍然被供奉在象牙塔之内，而未能转化为经济效益。这部分原因是产业依靠政府投入来驱动创新。欧盟每年有一个公文要求政府需把GDP的3%用于加大研发投入。但是投入多产出却非常少。

欧洲工商管理学院的专家研究了由德国政府努力创造与加利福尼亚一样的生物技术集群，并得出结论说："基本上是浪费了德国200亿美元，目前新加坡也正在努力朝着这个方向发展。"新加坡世界银行正在花费数十亿美元，创造一个"生物城"，据评估它只有50:50成功的机会。有些人甚至估得更低。

根据麦肯锡机构和研究日、韩的一些机构的研究结果表明，政府的参与越多，反而会束缚产业的创新，因为这些企业被过于保护，对技术和商业模式的更新需求就不会特别迫切。欧洲一向被认为在创新力上输于美国，一些学者表示，用于风险投资的草根创新和用于企业内部研发的投资结果会截然不同，同样投入一美元，前者的创新效益可以达到后者的10倍。

一个创新性的产业集群应该是一个动态、开放的系统，价值网络的内在结构正好保证了信息、技术、人才、资金以及政策等资源要素在系统内的自由充分流动，从而形成了一种创新的生态化机制。由某些核心企业或政府启动的创新机制，实际上是封闭或者半开放的，这种带着最高"旨意"的创新恰恰在有意无意地主导了人才、资金以及相关资源的有导向性的流动。

我国绝大多数产业集群是劳动密集型，主要依赖于低成本优势，它们在价值链中获取价值能力也非常低下，由于利润薄，其在价格上抗风险空间已经被压制到最小。随着资金、技术、管理经验从产业链高端向低端的源源输入，本土企业常常会形成对跨国公司的严重依赖，从而导致创新能力严重不足。

目前国内厂商在软件接包业务价值链中处于低端，即初级的编码外包以及部分测试外包业务，产业链高端的软件需求研究、总体设计等环节中国企业都很少触及。中国的软件外包产业附加值较低，行业利润不高，一些大型外包企业的软件外包业务利润率大约为20%~30%左右，普通中小厂商的利润率小于10%。在国内成本优势不再突出的今天，这种技术创新上的对外依赖状况会让许多只承接低端外包的企业面临一个"危险"的处境。

我国产业基地的拷贝速度过快，而创新能力不足，导致各地集群雷同的发育模式，制约了产业集群竞争优势的发挥。如我国建陶产业集群，广东、山东、福建、河北、四川、浙江等地方大量的企业涌入建陶行业，生产能力迅速膨胀。

产业集群应该是一个完整的能力体系，各个结点企业以合作的态度、通过资源、知识和能力的充分共享创造网络竞争优势，其创新力应该是内生的、生态循环的一种活力和能量，就像自然界的光合作用一样，成为整个生态系统维持生命永久新鲜的自然机制。

产业集群不再是价值链的，价值链并不能为产业集群提供一个生态优化的结构性支持。产业集群以创造价值为目的，通过集群价值网把企业有机联结在一起，其自身就应该是一个复杂的生态价值网络。

在未来企业的竞争中，"链条"优势将无法对抗价值网络带来的"生态"优势。

生态系统之间的竞争

互联网将要席卷一切，连马路边上的一个井盖都已经被置于网络的监控当中，未来，只要需要我们身边的每一个人和每一件事物都能在网上被关联起来。全世界任何两个事物都可能发生端到端的联系，一切都是相互关联、相互作用的，人类社会系统内的不确定性因素将呈几何级数增加。

在企业这样一个生态群体内，没有一家企业可以单独进行创世纪，也没有任何一家企业可以单独面对外面的竞争。企业就像蜘蛛一样，会尽可能地从四面八方搭建各种价值网络，并使彼此之间贯通一气，而这些网络还可能跟别的企业网络相互交织在一起，最终让自己置身在一张巨大的网络之中。

一个企业可能同时参与到多个价值网络之中，单个企业之间与其说是竞争，不如说是合作，合作的网络越多，生存的机会越大，一个企业要做到八面玲珑，才能不至于四面楚歌。

未来真正的竞争，将只能存在于不同的企业生态系统之间，是集团作战，单个企业将很难挑起战争，因为当你在还没有开始行动的时候，很有可能已经先遭到自身所处的生态系统的抛弃或淘汰。

企业要想取得长久的发展，在制定公司战略时，不能只着眼于公司本身，还应从全局考虑，了解整个生态系统的健康状况，对企业自身进行准确的定位，主动融入并适应整个企业生态系统。或者企业也可以根据自身情况构建属于自己的企业生态系统。基于生态系统的战略不仅使公司自身得利，而且使所有系统成员共同受益，从而形成生态链上的良性循环。

谷歌就是一个基于平台种群搭建起来的价值生态系统。因为谷歌把传统的门户平台模式给颠覆了。谷歌所有价值体系里面（如服务器里）用的都是开源软件，包括开放性的API，使得开发者和企业家通过利用开放性的API创建了大量的功能与价值，并带来更多的用户。谷歌提供软件本身不是为了去卖钱，而是为了建造一个服务的平台。

杰夫·贾维斯（Jeff Jarvis）在2009年版的新书《谷歌将带来什么》深入描述了谷歌地图的商业模式。谷歌地图不是采用传统的集权式和控制型商业模式，而是把控制权交给每一个人。谷歌公开了地图源代码，以便其他人能够在这个基础上开发新产品。这种开放性孕育出了无数类似于"混搭"（Mashup）的新应用程序。

贾维斯在书中总结道，开放的谷歌地图作为一个平台，不但孕育出优秀的应用程序，而且孕育出全面的商业内容。手机服务公司把谷歌地图植入到手机中，媒体公司把谷歌地图植入到博客或报纸页面……谷歌提供的这个平台创造了很多新产品和商业机会。更为重要的是，谷歌通过开放式的平台生态系统运营模式，成功地聚集了大量的互联网网站种群、软件企业种群、应用企业种群以及无数的个人用户种群。

在互联网经济中，如果企业不能成为一个平台，就会被淘汰。从种种迹象中可以搜寻到，谷歌将在与微软和雅虎的平台竞争中取得胜利，因为已有太多的个人和企业为建设谷歌这个平台投入了很多的精力及财力，这将使他们成为谷歌的忠实拥护者。

当前，谷歌还正在将这种模式复制到移动平台生态系统中，在这个领域展开与它的劲敌苹果与微软两大生态系统之间的竞争。

谷歌连同30余家企业组成"开放手持设备联盟（OHA）"开发出一个全新的移动操作系统Android。该平台自问世以来，三星、LG、摩托罗拉、宏达电、飞利浦、高通、德州仪器、英特尔以及中国移动、中国联通、T-Mobile、SprintNextel等在内的 30 多家行业领军企业，纷纷抛来橄榄枝，产业联盟不断壮大。谷歌还与电信运营商、手机厂商、芯片商以及其他有关各方结成深层次的合作伙伴关系，希望借助建立标准化、开放式的移动软件平台，在移动产业内形成一个开放式的生态系统。

然而，谷歌的这一系列努力并没有达到预期的效果，苹果仅仅利用一个应用程序商店(AppStore)即以四两拨千斤之力轻易化解了谷歌集团军的强大攻势。苹果从破坏游戏规则开始，通过突破传统手机制造商、电信运营商所主导的手机产业价值链模式，引入了新的价值相关种群，并围绕软件应用开发者和手机消费者搭建了全新的社区平台生态系统。这使得谷歌几乎就是一招扑空，因为在传统的产业链中，开发者和消费者是两大弱势群体，他们对于手机产品的创新基本上无法形成任何主导作用。

为了抗衡 AppStore 由庞大的新势力所组成的生态系统，在苹果软件商店推出不到两个月，谷歌便发布了 Android Market 应用商场，邀请广大开发人员构建基于 Android 平台的应用程序，甚至宣布拿出 1 000 万美元作为奖励，以鼓励开发人员共同帮助提升 Android 的内容丰富度和用户亲和力。

从目前进展形势来看，Android 应用商店的号召力还远远不如苹果的 AppStore，无论是在开发人员队伍、开发的应用程序总数上，还是在软件的下载量上，苹果的成绩均远在谷歌之上。

就在谷歌与苹果热闹叫阵的同时，微软也透露了其软件商店的想法，消息表明，微软的软件商店 Windows Marketplace 将连同新款 Windows Mobile 6.5 一同出炉，届时会提供 20 000 种应用软件。其他手机硬件厂商如黑莓、三星、诺基亚也纷纷着手向平台商转型，都分别开设了基于各自手机操作系统之上的软件应用商店，以此来构筑属于各自的手机生态系统。

不仅如此，就连电信运营商也开始加入了这场集团军混战的阵营。中国移动在 2009 年下半年推出了基于自有手机操作系统 OMS 的应用商场。中国移动总裁王建宙亲自上阵推销，他表示，移动应用商场网站将面向 40 多种手机终端和操作系统平台，包括现在市场上销售最广和最知名的手机，提供软件、游戏、主题、音乐、阅读和视频的下载。而围绕该应用商场，中国移动将集合苹果、微软、Google、诺基亚、Facebook 以及腾讯等多家公司的优势功能，打造一个具有综合功能的移动平台生态系统。

战火已经在蔓延，谁能最后胜出，关键在于哪个平台能有效聚集更丰富的种群，能支持民主化的创新机制，能围绕消费者需求进行动态的协同，具有撬动更强大资源的能力，并能将所有这些转化成有效价值，最终为客户提供最好的产品和服务。

当前，生态系统之间的竞争已经开始在各个领域崭露头角，比如，在 CtoC 领域，百度正在展开与淘宝网之间平台生态系统的追逐战；在金融领域，我国各大商业银行也正在围绕电子支付平台打造各自的生态系统，等等。

虽然如此，生态系统之战仍然处在一个初期的萌芽状态，全面竞争的打响必然伴随企业生态系统自身的不断完善和成熟。一个生态系统也有自身幼年期——成长期——成熟期的链条发展从无序走向有序的过程。生态系统到达成熟阶段时，它的结构、功能，包括生物种类的组成、生物数量比例以及能量流动、物质循环，都处于相对稳定状态，这就会形成生态平衡。

生态系统之间的竞争与企业之间的竞争是不同的，它是良性的，机会是平等的，成员在长期反复的博弈过程中，通过持续的"共同学习"和"试错"不断调整策略，达到一种最优的均衡，从而实现共同进化。

第 六 章　价值网络的演变图

众包是许许多多的个体和企业在一个共同的平台上交流、协同和创新。互联网消解了工业技术搭造起来的结构化社会，曾经被钢筋水泥分隔的人们又以全新的交往界面回到了群居时代，对于企业而言，意味着需要在更大的范围内重新设计商业模式。

作为中国装备制造业的代表，上海电气集团涉及的行业多、工厂多、管理层次多，造成生产管理分散，各自为政现象较为突出。在调整工厂管理结构的同时，该集团着手对每一个业务单元以及每一个商业流程进行标准化信息网络的改造。

在业务单元上，上到产业集团、各下属企业，下到每一个车间甚至每一个班组，通过组建统一的数字化管理平台，使用标准化的接口，在所有业务单元之间进行互联互通的改造，以增强管控手段，提升专业化生产能力，达到精细化生产的目标，向"数字化工厂"的方向发展。

从业务流程上进行优化和重组，通过集中部署ERP系统，将集团下属工厂的销售、设计、工艺、采购、生产、财务、人力资源等各个流程管理汇聚在同一平台上，促进企业资源结构的调整，从以职能为中心的传统形态转变为以流程为中心。

上海电气在内部所做的这种内部化改造，实际上是在对商业程序进行细化和组件化，然后再通过标准化的交互平台来协调各组件间的关系，建立资源共享机制，使得企业更易于从内部和外部进行更广泛的创新合作和资源开发。

在完成内部标准化改造之后，上海电气已经建立了统一的电子商务平台，重新规范了企业的采购流程，对内，各下属企业包括车间和班组均可以从该平台上获得从客户管理、评标管理到市场分析的整个信息链，对外，供应商可以适时清晰地了解采购需求，从而帮助供应商将库存的信息透明化，化解库存压力。

下一步，上海电气会将"备件"信息向客户开放，全面实现上、下游价值网络中企业的信息共享和沟通，提升内外的协同能力，可以快速根据客户变化适时地重组内外流程，以便快速做出反应。

上海电气的这一系列变革实际可以总结为一个关键词，就是释放。通过内部商业流程的组件化，来释放企业内部价值链传统的线性链锁效应，实现内部流程的动态重组和协同；同时，这些已经标准化的商业组件还可以通过统一的平台与外部资源进行灵活对接，达到对整个产业价值链的释放，使企业价值链最终向价值网络延伸和扩展。商业价值网络实现的绝不仅仅是独赢，而是整个生态系统的共赢。

今天，商业组件化，与外围企业进行信息系统的对接，建设电子商务平台，为企业搭建起可持续性的业务合作通道，能够迅速、连续的调配资源以及在最大范围内做到资源重组和最优协同，已经成为企业组建商业价值网络获得新型核心竞争价值的必要手段。

所谓组件化，琳达·S.桑福德和戴夫·泰勒在《开放性成长》一书中对此做了详细的剖析，"作为一个组件，它是一套商业行为或者是一种商业程序"，或者"是一种服务或者是一种外部资源，可以在供应链管理、消费者服务以及类似的领域里创造新的商业结构"。"商业组件包括人员、系统和所有必需的资源，因而有理由把它们都称作一种'动能'。企业仅仅通过在价值网络中，再组织内部或者组织之间把这些'动能'组合在一起便能够创造增长，产生价值。"

作者举了一些例子来说明组件化的具体表现："商业组件相当于制造业可互换的

零件，但是其所包含的组成部分是不同的，……一个企业可以将'营销'定义为组件，也可以把'广告'作为组件，还可以把广告业里的'版权'同样视为组件。根据不同视角对营销定义的范围进行确定，把营销作为一个完整的组件来处理，把营销分解为'广告'之类或者更下一级的组成部分，这取决于企业在价值网络中的能力，而不是其内部运作的功能。"

企业组件化的起点通常是从企业的管理程序和标准化运作开始的。在传统的企业架构中，销售、设计、工艺、采购、生产、财务、人力资源等都被设置为不能的职能部门，而在完成标准化和组件化的改造之后，它们将成为企业的不同的能力。

如果将这些组件再进一步细化，一个车间、一条生产线都可以转变成一种能力，围绕这些能力能从内部和外部繁衍出一个个巨大的价值网络，从而可以在更广阔的空间去配置各自所需资源。

众包更深层的意义，是指社会生产不再像过去那样一定要以企业这种组织形式来配置资源，而是将这种权利释放到了更细微的单位：可以是组件对组件合作、车间对车间对接、生产线与生产线的匹配、能力与能力的组合。

企业沿着内部的价值链对业务单元进行分解，围绕每个业务组件建立和开发企业自己的价值网络，同时也可以加入其他价值网络，成为其中的合作者。一个企业可以和一个没有合同约定的企业进行购买和销售组件，并根据需求，创建新的商业能力。这样的合作，除了合作本身是确定的，合作的边界划在哪是不确定的。

伴随着价值链的分解，企业实际上需要逐步释放对资源的控制权，开放创新程序，加强在各个业务层面的外部协调，这是一个权力分散的过程。不过，这种组件式的分散，与上海电气信息化改造之前的管理分散是不同。后者的分散导致的是内部资源和能量的消耗，而前者的分散将带来多个利润中心的生成，最终能推动企业的成长。

如何才能将各个企业的这些业务组件进行恰当的匹配，同时不牺牲企业的各自特性，而达到共同成长，方法之一是集聚各成员企业的优势资源，将各种能力协同在一个无形的网络平台上；或者企业也可以建立自身的商业平台。

组件化是一种单一化的自足的能力，而平台为独立的组建增加了整合的能力，一个良好的平台可以让一个组织在不需要增加投资资本和风险的前提下创造出新的能力，因而也可以说，一个平台就是一套商业能力。

"企业需要决定哪些业务程序和系统是可以进行标准化的，哪些是可以被允许跨越不同生产单位进行外包的，在此基础之上建立一个组件化的、平行整合的商业平台，并在此平台上不同扩展自己的价值网络。"(《开放性成长》)

最后，如何才能确定你的组件是有效的。同一个行业的企业，比如，同为汽车企业不约而同地将自己的营销改造成为了一个业务组件，怎样才能保证自己的组件能比别人聚集更有效、更丰富的外部资源。这需要赋予它不同的能力和个性。

对于一个4S店来说，其地理辐射区间也许只有十几公里的范围，而在网络上，它却是无边界的。在这里，产品、定价、促销、渠道等传统营销要素的概念在发生着颠覆性的变化。如果能把营销搬到网上，把4S店变成一个网民的创业平台，在该平台上发包汽车销售和服务营销？或者在网上发包汽车用品和汽车保险的销售？甚至还包括很多其他营销企划案？这将会带来什么样的结果？

另外，还可以将该平台网络进一步向比如银行、保险公司、房地产商或广告商进行延伸，与他们结成共同利益体，在更大的利益范围内开发新的服务，为集体创造更多的收益。

当前，在向商业价值网络转型企业的商业模式上，我国大部分企业都还没有达到一个认识的高度，更没有形成一种理念上的自觉。虽然如此，但是当前在我国，各行各业正在如火如荼进行的信息化建设和改造工程，却已经在事实上构成了未来帮助企业进一步转型的前期基础性工作。

随着不同行业或领域信息化推进的程度不一样，这些企业对价值网络的认识和发展也大不相同。其中，金融、电信、汽车和互联网领域的企业已经开始进入有意识的探索阶段，另外，一些信息化程度较高的大中型传统企业也开始在做局部的推进，而大部分企业至今都还尚未全面接触到这一全新的管理理念，更不用说是否采取行动了。

创新商业组件

企业进行内部的流程改造并不能都带来组件化的结果，判断一个业务程序或一套商业行为是不是已经实现组件化，关键在于看它是否能与外部实现互换或者外包，以及看它是否具有足够的开放性。

我国金融行业是最早开始信息化建设的领域之一，同时，它也是一个资源保护性的行业，因此，虽然内部流程的标准化改造和重组开展较早，但是推进难度较大，离组件化仍还有一段距离。

组件化实际是一个对企业内外业务进行解构和重构的过程，使之转变成为一些更优化的标准化业务流程，同时也成为能够按照需求变化进行动态的、成本最优化的、最能激发创新的优质资源，为企业实现价值的最大化。

当前，一些银行已经或正在实现把一些低附加值的、不再能体现领先优势的业务流程，如非金融业务、后勤、员工培训、IT管理等业务流程进行外包，而围绕银行的核心能力如融资能力、产品创新能力、销售能力等，进行整体业务流程再造，但是难度不小。

银行现有的业务流程通常都是为适应既有的组织结构和满足管理的需要设置的，笼统地按活动的相同性或相似性，将从事相同或相似活动的人聚在一起，形成职能型群体，而从客户的需要来看，完整的业务流程常常被割离开来。

另外，国有商业银行服务流程往往由各业务管理部门自行制定，比如，前台业务部门有业务信息系统，后台风险部门有管理信息系统，会计部门有会计信息系统，各流程之间的信息资料不能共享，甚至数据不一致，带来了管理上的混乱。

还有，银行业务管理环节过多，流程周期太长。一笔贷款从客户提出申请到支付贷款需要经历大大小小的环节不下二十个，一笔信贷业务的平均处理时间有时能长达六个月左右。

银行内部结构和操作程序的差异性不仅会造成内部资源的消耗，更为严峻的是，使得银行无法围绕客户需求为中心去提供产品和服务，并组织创新。电子银行以及第三方电子支付平台的兴起，推动了银行向数字化方向的转型，但同时也暴露了银行内部信息化结构的弱点。

实际上，当前大部分银行包括国内的银行早已或正在开通以客户为中心的多渠道服务，比如呼叫中心、ATM机、手机银行、PDA银行、有线电视银行、网上银行，等等，许多关键业务包括银行、证券、保险、基金产品的交易都可以在同一个平台上实现，越来越多的人已经不再到银行的物理网点，就可以办理各种金融业务。

不过，现阶段许多电子银行对于电子支付业务的设计、实施的原则基本上是遵循"大而全"的方向，提供的业务和产品主要还是批量的大众化产品，而个性化的产品很少。

在不同业务渠道的交易操作中,电子银行需将得到的信息再次集中与共享,进行挖掘分析,找出目标客户,将客户市场细分化,开发出不同的产品以满足不同的市场需求,提高客户满意度,从而带来利润。这一点,映射在银行信息化建设上,则是银行核心业务系统是否能从过去以账户管理为中心转变为以客户管理为中心。而现在银行内部所有流程之间由于缺乏统一的、标准化交互界面,因而很难以客户为中心建立快速响应机制。

由于银行内部业务程序组件化进展缓慢而大大地降低了电子银行业务创新能力以及个性化服务能力,另外,也为银行与银行之间的沟通和合作造成了一定的困难。这恰恰为第三方电子支付平台提供了很大的发展空间。

在过去的发展历程中,第三方支付并没有作为互联网上一个单独存在力量,它需要与大规模的交易量相绑定才能体现出自己的价值。如阿里巴巴、淘宝网和支付宝的关系,正在悄悄兴起的手机第三方支付也是如此,它们必须与网络运营商绑定才能获得长远的发展。然而,当它们一旦积累了一定的客户量以后,就意味它们拥有了向银行固有边界入侵的资本。

最先发起进攻的是支付宝,它在北京免费开通水费、电费、歌华宽带、移动手机的代缴服务。然后,是另外一家支付企业"快钱",快钱率先在上海地区推出了可缴纳水电、燃气、通信等费用的一站式生活缴费服务。

第三方支付平台具有很好的开放性,它的后台没有条条框框的划分和约束,可以完全围绕用户需求开展业务,而且其兼容性很好,可以方便聚集周围业态加入进来,从而形成庞大的价值网络生态。

作为银行一种新的市场拓展工具,电子银行正在成为一个全新的战场,在不久的将来,更将成为各大银行竞争的主战场之一。随着新势力正在向银行的传统防线深度渗透,一场新的版图大战已经打响。在第三方支付市场经历快速膨胀的同时,也意味着电子银行自身陷入了攻守两难的境地:一方面,电子银行很想脱离第三方支付平台直接面对商家;另一方面,实现起来会面临巨大的障碍。总体来说,电子银行也可以脱离第三方电子支付平台直接面对客户,但是制约其发展的最大问题,首先是需要推动内部的深层变革,其次,电子银行之间可以签订协议进行合作,这样就可以不通过银联或其他第三方电子支付平台,但是难点在于银行之间的互联以及背后的利益分配问题。由于所有银行之间涉及庞大的业务数据管理，所以操作起来难度很大。

电子商务及网上支付的发展，正在对传统银行业务和货币概念带来巨大的冲击，市场格局会产生新的变化，可能会形成新的分工。银行迫切地面临转型和调整，实际上，传统银行业务已经开始转变，边界逐渐模糊起来。银行要想发展必然需要存在一个能够把所有银行都连接起来的组织，"银行要学着和别人合作了"。

商业银行必须加强内部组件化的改造，找出对银行最有价值和最有赢利潜力的客户群以及他们最需要的银行产品和服务，以更好配置资源，提供金融产品和服务。同时，还需加强银行彼此之间的联系，实现与外部组件的对接和资源共享，逐步建立集中统一的信息中心。另外，加强与第三方支付公司等社会组织的合作，确保商业银行作为电子支付的主体，在社会组织的支撑下，发挥推动业务发展的主要作用。

电子银行不再仅仅局限于内部管理和清算，而正在逐步演变围绕客户为中心进行业务创新的赢利模式。对于大银行来说，电子银行是管理创新和产品开发的重要平台；而对于营业网点少的中小银行来说，电子银行也是低成本创收的重要工具。

电子银行越来越成为未来银行的核心竞争力。谁用好了电子支付工具来吸引客户，帮助消费者解决实际问题，谁才会开创多赢的局面。而对于各银行的电子银行部门而言，创新与合作可能将成为未来发展的两大主题词。

当前，电子银行以及第三方支付带来的问题和挑战，实际是银行组件化的不彻底，有限的资源整合和开放并不能形成有效保护，反而会丧失一种新的竞争力。所谓组件化的不彻底可能包含三个方面内容：缺乏统一的信息交互标准；没有建立标准化的交互机制；没有形成利益的共识。无论是企业内部的协同，还是企业外部的合作，都离不开技术、机制以及利益上的基本共识。

电子银行融合了技术、业务、管理、制度及利益等要素，其中技术问题相对单纯，也较为容易解决，关键的难点在于机制和利益上的调整与重新分配，这需要在长期的改革和磨合中去寻找出新的博弈平衡点。

未来电子银行的服务肯定越来越好，内容肯定越来越广。到那时，人们用的手机已经不是厂商提供的，而是银行提供的，可以绑定电子银行的任何服务，如取款、还款、贷款、买房、购车、娱乐消费，等等，操作起来既容易又简单。

未来的电子银行业务让人们对未来生活可以有更丰富的想象：银行提供给人们

的手机变成了一个集金融服务、购物超市和广告功能与一身的平台，不同的银行会锁定各自不同的企业合作伙伴，同时各个电子银行平台之间既有合作，又存在差异化服务。人们在回家的路上就可以发短信给小区的超市，订购今天晚上所需要的物品，同时预订几天后出去旅行的酒店和机票，然后直接在手机上完成支付，到家时需要的东西已经到了门口，而机票也将在几个小时后送达。

当然，这一切要建立在基于银行价值网络的整个金融生态系统的共同进化和不断发展基础之上。

如何把一套业务流程进行分解使之成为一套商业能力的组合，企业不仅需要开放视野，而且具备从外部寻求企业增长的智慧，继而从整个产业链上进行组件化变革，而不再像过去把它们当核心资源只知一味固守，并完全寄希望于内部集中式改革来驱动增长。

企业产业链的组件化已经成为一个商业趋势，但这也并不意味着组件化就一定能为企业创造赢利，比如，计算机产业早已是一个组件化的产业，我国大部分代工企业正是通过把各自生产线的组件化，通过生产某一零部件来融入整个产业链的。它们长期处于组件化的劣势地位，也很少看到组件化所带来的利益，零件价格一再被压制，导致它们生产能力过剩，随时面临破产的风险。

另外，当一个企业全部实现组件化之后，内部结构完全是各种组件的集合体，也就是说，这些组件都可以与外部实现互换，甚至进行外包，那么，它的核心竞争力是什么？

其实，真正有效的组件是一套独特的资源配置能力，组件化的目的是为了能够聚集有效的商业价值网络，从外部寻求优质资源打破体制内创新的困境，从而摆脱商品化的成本压力，使企业从产品型的资源架构转向服务型的资源架构。

我国制造业的代工企业在产品型的产业链上长期处于低端位置，它们的组件化只是被动地为了适应上游企业的一种商业对策，在价值链的结构上，它们没有主动权，原因就在于它们没有充分利用手上的组件，围绕它组建属于自己的商业价值网络，增加手里的选择权，也就意味能多争取一份主动权。

在组件化的过程中，有的企业本着对资源的把控，导致开放性不足；而有的企业只是为了被动与上游企业接轨，从而主动性很弱，其实，这些都仍是过去长期基于价值链竞争意识的一种副产品。企业在走向价值网络的商业模式转型过程中，首先需要解除种种障碍，学会从释放开始，推动一场根本性的变革。

端到端的整合

在技术上实现 PLM 和 ERP "一张皮"，是所有制造业 IT 管理者的最大梦想。所谓 "一张皮"，实际上就是基于一个统一管理平台上对所有标准化业务流程的重新整合。

如果按照常规的做法，徐工集团属下共拥有15个全资、控股或参股子公司，一个公司做一年，等到整个集团完成整体信息化提升，可能需要10年。在今天的丛林生存法则中，一个企业没有几个 "10年" 可以值得如此等待，因而，一场颠覆式创新的变革势在必行。

徐工集团是国内最早实施信息化管理的工程机械企业之一，集团下属的徐工科技和徐工重型分别在1997年和2002年就已经开始建设公司的 ERP 系统。不过，囿于当时的管理模式和技术条件，徐工集团以及各子公司的信息化项目往往是独立和模块化实施，各自侧重点不一，而且相互隔离，造成集团内部信息沟通不畅，各自为政。

近两年，随着徐工集团提出要实现企业从战略控股型到战略经营型管理模式的转变，原有的企业信息化架构作为一种企业运营和管理载体，已经适应不了新的变革的要求。

当前，徐工集团主要面临来自 "一纵一横" 两大挑战。纵向挑战主要是指，以前公司总部与各子公司只是参股或控股的关系，企业内部关系是松散的；现在总部要参与子公司具体的经营管理，人财物、产供销、从上到下的运营和服务都需要纳入统一管理。

另外，在企业各个子公司及部门之间要如何形成 "横向" 的配合与协同，其中涉及9大业务循环，从研、产、供、销到服的集成，以及固定资产和财务之间相关的业务集成，最终所有部门之间又如何形成一个面向客户的端到端的业务流程，也将给整个企业带来巨大的挑战。

对于徐工集团来说，如何把数据链和流程链彻底打通是最重要的，要实现集团内部 "横向的统一与纵向的集成"，建立统一的企业全价值链信息化管理平台——

"一张皮"会涉及非常非常多的问题，从产品研发到生产、销售及服务的整个价值链集成与管理，这是一个端到端的完整闭环流程，需要将企业的产品全生命周期管理（PLM）与 ERP 管理进行无缝整合。

工程机械制造业的流程是非常复杂的，而品种多、配置多、批量小，为订单制生产和离散制造，生产精细化且产品生命周期长，客户需求变化快，所有这些特点导致数据之多简直难以想象。数据的庞杂给信息系统建设带来了一个难点，就是对这些数据进行整理、规范、编码和标准化，并最终完成企业内部信息的整合。

好在徐工集团信息化开展较早，基础数据早已完成了标准化和格式化改造，但是以前由于使用不同的软件，造成在内部财务与生产及物资等流程组件之间缺乏统一的数据借口而难以实现端到端的整合。为了最大限度地降低这种集成的难度，提高实施效率，徐工集团决定全部更换以前的系统，代之以一个全新统一的软件系统。

在完成系统的集成和整合改造之后，当前，徐工集团内部的所有流程包括财务会计、管理会计、资金和预算管理、采购管理、物流库存、销售管理、生产管理、产品数据管理 PLM、数据仓库以及企业门户等均已实现了在统一的全价值链管理平台上运行。

基于一个统一的平台，徐工集团在战略管理、投资管理与决策支持方面得以全方位协调资源，进行统筹部署，在纵向上支持集团向战略经营管控模式的转变，提高集团对下属企业的管理深度。同时，在横向上，基于研产供销存和财务一体化的全价值链管理能够切实帮助集团内各企业做到核心业务一体化，提高精细化管理的管理细度，提升管理效率。

大型装备制造的批量小，每一个订单模式都不一样，规律性较小，同时产品的设计和制造、交货、安装、售后服务紧密相关，一个细微的差别会直接导致产品的各个相关环节完全不同的结果，一旦出错，成本损失巨大。

一般来说，客户的订单批量非常小，意味着制造的成本就会很高；客户的需求变化快，企业的生产计划就很难安排。这需要内部良好的信息沟通，更需要所有合作伙伴的协同计划，在整个供应链基础上实现对资源的最佳配置和最低的成本管理，以提高各个物流环节的效率。

徐工集团率行业之先导入了精益生产、精益物流的概念。借助统一的管理平台，徐工集团打通内部各系统和各流程之间的壁垒，制定符合逻辑的并行工作流程和操作规范，通过网络进行分发和控制，创造了良好的信息沟通和汇集渠道，推动内外的信息共享和任务协同。现在只要订单一生成，从研发、采购、生产到交货，各个环节都能实现信息的及时沟通，不仅能最大限度地减少因为中间变化带来的生产过剩或库存增加的问题，而且有效地缩短了产品从设计、生产再到组装的周期。

以前，由于缺乏信息的及时沟通，很多任务只能按串行工作方式来进行，只有一个流程完成之后，才能启动下一个流程，因此，一台大型装备的交货周期能长达一年以上。而现在，由于在内部所有流程部门以及外部几百个供应商之间都已经建立起了协同工作机制，内外流程与流程之间可以并行工作，而且能够按需求灵活组合，使得产品的交货周期大大缩短了。

"平台为独立的组件增加了整合的能力，它使得一个企业在其内部也可以从价值网络中协调各种组件"，IBM全球高级副总裁在《开放性成长》一书中这样描述道，不仅如此，"一个良好的平台可以让一个组织在不需要增加投资资本和风险的前提下创造出新的能力"。

徐工集团还是徐州第一家实现银企智联的企业，实现了内部的财务系统与外部银行结算系统网络的对接，集团的企业账户与外部有业务来往的数十个银行账户可以直接连通。"每天四点半，我们的资金就完全集中了，这样可以非常明了这一天集团又进了多少钱，明天想要多少钱"，徐工集团信息化与管理部部长刘建森说道，这使得集团可以更有效地统筹资金管理。

另外，随着徐工集团价值网络的不断延伸和扩展，除了传统的制造以外，研发和服务也开始成为新的价值增长点。徐工的研发能力，尤其是重型起重机的能力，在亚洲都是首屈一指的。徐工还建立了覆盖全国的营销价值网络，近百个国外徐工代理商可以为全球用户提供全方位的营销服务和完备的售后服务。

当前，徐工集团的统一信息管理平台仍然主要着眼于对内部价值链上各业务组件的统一管控上，对于价值网络的开发和编织也仅限于采购、营销等几个业务流程的组件上，基于全生命流程组件的价值扩展还远没有展开。

基于价值链成长模式的企业，尤其是制造业企业，正在面临全球倒闭的风潮，因为通过严格控制价值链成本来获得增长已经到达一个极限。仅仅是在企业价值链内部实现组件化和内部的端到端的组合是不完整的，它只能推动企业内部的流程改革，并没有根本性地改变通过控制内部不同程序间的协调来获得生产力的方式，实际上会将企业置于一种成长的风险之中。

　　尤其中小企业在与大企业做生意时，往往要遵循大企业的游戏规则，它们在组件化过程中没有太多的主动权，不过，通过组件化能为其带来加入更多价值网络的机会，甚至能基于此建立属于自身的平台网络，彻底改变价值链追随者的被动地位。

　　浙江余姚的利顺达电子有限公司的主要业务是为上游厂商海尔做电源，海尔70%的电视机变压器和手机电源都由其代工。刚开始为了和海尔做好生意，利顺达不得不被动地在企业内部进行ERP信息化改造，重新梳理管理流程，最终实现了ERP组件化的建设，并与海尔的电子商务平台网络取得对接。

　　ERP投入使用后，只需要输入公司账户和密码，就能进入到网站查询订单下达情况，在海尔的整条供应链上，每次利顺达的响应速度最快。经过三年持续不断的努力，利顺达的角色发生了翻天覆地的变化。不仅如此，利顺达还变把被动转为主动，积极出击寻找国际市场，先后加入了国外多家外资企业的商务网络，建立了合作关系，并将产值翻了一番。

　　此外，利顺达又加入了阿里巴巴等多家第三方电子商务平台，现在利顺达最大的客户都是通过互联网建立的合作，电子商务已经让利顺达与国际化接轨，海尔也从主要客户角色退居二线，成为其众多大客户之中的一员。

　　接下来，利顺达陆续把采购也放到电子商务平台上，希望通过新的网络采购平台吸引到更多更优质的供应商，对供应团队进行一次革新重组，将供应商的质量、交货方式、产品质量、价格等因素进行全方位优化，以继续扩大规模、扩大贸易范围。

　　创新将更多的来自外部，新的增长方式必须通过与外部的协调去发掘，实现企业内部各个组件在各个平行的方向上与外部资源形成广泛的对接，同时又能在纵向上实现同步和并行，来编织围绕企业核心能力为中心的复杂交错的价值网络。此外，也可以选择通过组件的对接加入到别的价值网络中去。"加入一个价值网络，并协调企业自身的网络系统不是两者择其一，而是需要同时进行并且可以以组织和资源的力量，做到两全其美。……从长远来看，这一过程是零碎的、一个项目接着一个项目、一个功能接着一个功能以及一个程序接着另一个程序，这将需要你为此付出很大的代价。"（《开放性成长》）

　　对于生产制造企业而言，贯穿整个企业和产品的全价值链释放关乎企业的发展命运。从产品设计构想，到工程是交付产品创新，再到供应链管理以及与全球供应商客户和业务伙伴的协同，直至服务支持和最终的报废处理，其中每一个环节都有可能从创新中获得竞争优势，并最终推动企业从价值链下游向上游转移，从低利润的制造向高利润的产品设计转移，实现企业业务结构的升级和价值再造，并最终形成一个全生命周期的价值网络。

平台是什么？

价值网络是企业从内部走向外部的一个极致，产业价值链是其中的一个过渡形态。企业从一种自我中心到化整为零分散潜入到其他企业内部的去中心化过程，必须要借助一种技术的力量来完成，那就是平台。

企业平台化既是一个内部改革的过程，更是一个向外扩张的过程，因而，平台首先必须是一套能够开发新技术的开放技术体系或者说是一套整合更多业务组件的标准互动界面。

中国民航信息集团公司（简称"中国航信"）经历了典型的从一个商业组件发展到具有综合功能的统一技术平台、最后成为一家信息服务企业的发展之路。

中国航信的前身最早可以追溯1984年甚至还更早，那时候还只是隶属民航总局航行司通信处所领导的一个民航计算机总站，主要功能是为了满足中国民航业的信息化和自动化需要。然而，后来随着在基础的数据网络上又不断开发出了机场乘客处理系统、航空货运处理系统、代理人预定系统以及电子旅游分销系统，等等，业务服务领域也不断得到丰富和扩展，传统的结构设置已经不足以支撑新的业务拓展，2002年，以集团架构设置的中国航信公司正式成立。

中国航信的核心业务集中在电子旅游分销(ETD)、机场旅客处理(APP)、数据网络、航空货运(ACS)及基于互联网的旅游平台五个重要领域。随着旅客出行方式的改变和互联网、电子客票技术的发展，交通运输旅游价值链逐渐向以客户为中心的"一站式"服务转变。中国航信基于开放架构技术基础之上，建立起了以旅客为中心的集订座、分销、离港、电子商务、结算等功能为一体的新一代旅客服务系统。

目前所拥有的数据网络有97个节点，用户终端数约88 000多个。国内的服务网络已覆盖各主要城市以及港澳地区，网络接入服务延伸到300多个城市，并通过国专用网 SITA 连接到海外 109 个城市。向中国大陆所有航空公司、130 余家机场和 6 000 余家旅行社、宾馆等代理机构，提供实时数据传输和交换服务。

2008 年，中国航信提出了要成为中国航空运输旅游和相关行业的信息技术及商务服务提供商的发展目标，在信息化建设上，则是在现有的统一平台基础上，开发出更多的新业务组件，继续向多元化领域拓展，即变"客运为主"为"客货运并举"，变"国内经营"为"跨国经营"，变"技术服务"为"技术商务双服务"，变"服务航空"为"服务航空运输和旅游"。

将中国航信的航空物流公共信息平台建设成为中国的公共物流信息平台，在航空、公路、铁路、海运等领域推广应用，成为"客货并举"的民航信息综合服务商。

从航空分销向旅游分销延伸，按照打通渠道、加强营销、构筑平台、升级渠道的思路，加快航信酒店分销平台建设，实现酒店的自动分销服务；推进使用民航计算机客票销售系统销售铁路车票；加强游轮客票销售与座位管理系统的开发与推广。

这些新业务的拓展，必将进一步充实和丰富中国航信旅游信息服务的内涵，扩大其外延，在为旅客提供全方位服务的同时，也能为企业带来新的利润增长点。

中国航信还计划建设我国中央企业的共用信息（灾备）服务中心，在北京、长三角、珠三角分别建设数据中心，打造中央企业的共用信息服务基地，以较低的边际成本为民航企业和央企提供数据中心托管服务、信息系统外包服务、业务流程外包服务、灾难备份与恢复外包服务等信息技术外包服务，建设中央企业共用信息（灾备）服务中心，实现跨行业的共用信息服务模式。

一个开放的商业平台应该会具有内生长性，它能不断地聚集更多资源，使得企业基于现有平台之上能够更容易编写或集成新的技术应用系统，从而有助于开发新的业务组件，得以不断向更深、更广的范围内拓展自身的价值网络。

企业借助商业平台发展商业伙伴网络，与他们建立新的价值协调关系，如果没有一套能兼顾集体的协调管理和利益博弈机制，这个平台根本无法立足，也没有存在的价值。

对于中国移动来说，平台已经成为其的一块试验基地，目前它正在通过批量繁殖平台来圈定涵盖用户和关联产业伙伴的价值网络资源。而作为平台的领导者，中国移动既是协调机制的主导者，也是多方利益平衡的主导方。

最早的尝试始于 2005 年 6 月四川成都无线音乐产品基地的建立。当时，彩铃在数据业务中的收入贡献越发突出，而中国移动各省公司采用分省建设的模式，导致了音乐资源浪费。

为此，中国移动重新整合中央音乐平台、无线音乐俱乐部管理平台，推出了统一的中央音乐管理平台，并在此平台基础上发展了与华谊兄弟、鸟人艺术、太合麦田、中国唱片总公司、百代、环球、索尼、华纳等多家国内、国际唱片公司利益联盟，构建起了一个由运营商、唱片公司、SP商、手机终端厂商以及广大用户组成的无线音乐产业价值网络。

平台由中国移动负责运营和维护，基本上是一手包办所有相关内容的建制、基本的政策和管理规则的制定等，而在利益分配上，唱片公司、服务提供商以及运营商之间达成的共识是40%：40%：420%。

这一平台的搭建为中国移动创造了极为可观的收入，易观国际Enfodesk产业数据库发布的《2009年第2季度中国无线音乐市场季度监测》数据显示，中国移动的无线音乐相关业务收入约达到54.2亿元，共占整个无线音乐市场83.8%的份额，市场收入的规模早已超过了传统唱片工业的发行渠道，而且带动了相关产业创造出数十亿元的市场规模。

有了在音乐产业模式的成功尝试之后，中国移动开始对游戏、动漫、阅读、视频、定位、电子商务等不同的新兴细分市场，组织各个击破战术，在全国总共屯垦了八块试验田，其中包括四川成都音乐基地，杭州手机阅读基地、上海视频基地、辽宁定位置基地、湖南电子商务基地、广东南方基地、江苏游戏基地和福建手机动漫基地。

中国移动的这种"基地模式"的全新试验，很像在编织一张巨大的蜘蛛网，正在网罗大量的关联产业合作伙伴。以杭州市的阅读基地为例，中国移动搭建统一的网络运营平台，整合各出版社和网络原创网站资源，统一阅读器上文件格式，以无线下载提供电子阅读内容。到目前为止，中国移动签约了超过10家内容合作伙伴，其中包括中国出版集团、中信出版社、浙江联合出版集团等传统出版机构，以及盛大文学、中文在线等文学网站。另外，阅读基地还和大唐、汉王、方正等硬件厂商合作，定制终端产品"G3阅读器"，凭借领导者地位以及资金优势，数字发行、出版行业以及相关硬件制造领域迅速被中国移动带动。

另外，湖南移动则在打造移动电子商务创新基地，建设并运营全网手机支付平台，通过整合手机小额支付、移动公交一卡通、移动公用事业缴费和农村移动电子商务四大工程，推进以 SIM 卡加载 RFID 芯片为核心的移动支付技术标准和智能终端设备标准，这样一来，大量的中小企业、银行、公交公司、公用事业单位等也很快会被卷入进来，成为吸附在运营商周围的关联利益体。

通常企业围绕商业平台要拓展的两大核心能力分别是研发创新和营销，中国移动打造的全国统一平台不仅在管理上可以保证统一规划、统一实施、统一监管，而且有利于其从全国的范围内去最大程度地调集和调配资源，保障产品创新的及时性、完整性、有效性和可用性，还有有利于集中营销，并借助用户的力量进行全国扩展。在这个过程中，中国移动既是一位控制者，也是协调者和合作者，还是一位服务商。

随着网络的日益深度融合，以及用户需求日趋多元化，传统电信价值链已逐渐被打破，通过重组、融合，正在形成新的价值网络。对于资源高度集中的控制性电信运营商来说，新的网络环境要求其必须将权力与功能不断下放，从过去控制型的垄断者地位，向以协调、服务以及合作为主的领导者地位转变，将自身的控制空间扩展为新的协调空间、合作空间以及创新空间，然而，这并非一件轻松的事情。

西方企业推动流程标准化和组件化，是为了能从终端的市场需求出发，重组价值结构，在释放中重新寻找和发现新的增值点。然而，从我国企业的信息化实践中，我们观察到，国内企业大多是从上而下推行信息化，虽然都是在推动标准化，但是除了提升市场响应效率目的外，还产生了另外一个附加的效果，就是在统一的过程中进行了更有效的集权。

这是一个平台所具有的双重效应：分散和集权。分散，意味着各网络节点的自我组织、分布创新和增值。价值结构的网络化，是价值的分布式生产和创造的过程，一个平台聚集的种群越丰富，生态越复杂，价值的流动性应该更充分。反过来，越分散，平台作为聚合的媒介，就会带来更大的集中，聚合效应也越大。

平台型的价值网络并非完全排斥集权，如果只有分散，没有统筹和整合，创造出来的价值就难以形成流动性，最终瓦解和消耗在复杂性中；但是，价值网络更注重协同与合作，这是其得以生成的最本质的内核，否则就是一个死结构。

过去，基于价值链上的集权是围绕核心企业的技术、资本等资源的集中控制而产生的，在一个价值网络中，这些被当成核心的资源也开始外部化，因此，对于一个价值网络中的领导型企业来讲，需要明确地把握集权的分寸，集权到底要止于哪里，决定着一个平台的生命力，这需要它们坚定地去探索。

商业组件化、端到端的整合以及平台化是一个企业在搭建自身价值网络之路上的三个关键性指标，但是这还远远没有到达终点，在通往价值网络的途中必须再经历最后一次蜕变，就是平台社区化。

前面三个步骤既是在对传统企业结构的一种解构，但也是为了最后搭建另外一种全新的结构，使企业从线性结构向网络结构转化。任何一种结构都需要一定的形式、制度和文化，平台虽然在一定程度上承担了这部分责任，但是，一个完全网络化的结构，如果完全采取放任的管理，就会是一盘散沙；而如果管理过度，又会遏制创新。

社区为这种困境提供了一种很好的解决途径。一个良好的社区既能对所有成员产生一定的凝聚力，又能为系统不断注入新鲜的活力，每个成员都能够以独特的方式不受约束地自由竞争，但彼此又利益攸关，血肉相连，并在需要时作为整体不可分割的部分来彼此合作，社区的这种既无序又有序的组织状态，正是管理的最高境界。

从创新角度来看，社区化就好像在平台与一个无限智慧源泉之间建立了一种智慧汲取管道，使过去依靠外力驱动式的创新转变为一个系统的自然内生力量。

在这方面，阿里巴巴将社区集成进商务组件平台，IBM、SAP以及英特尔等企业把社区融入创新组件平台都在各自擅长的领域，开辟了全新的试验基地。

综合以上的分析，可以看到所谓平台，它应该既包含一些开放的协定、惯例与规则，也是一个能让大家产生共赢的价值和权力分配模式，最后，它还应该是一个能按需调整和进行动态组合的适应性基本协同框架。

第三部分　我们的未来

第 七 章　　价值网络改变国家实力

MP3的中国境遇

科技与人类的关系永远是那么的反复无常，充满了信仰与背叛。

科技的生命在于时时刻刻捕捉人类细微的需求变化，而科技也注定会成为科技理想主义者的牺牲品。在科技进步的进程中，磁带机、VCD、MD、DVD……每一代产品都寄托了一代人的追求，但很快又被淘汰，而接下来关于覆灭的断言又指向了另一个目标——MP3。

每一种创造都是一时的"灵光乍现"，而每一次的覆灭往往也很难寿终正寝。

正像1927年华纳兄弟公司前总裁哈里·华纳突然想起的一句："谁想听电影演员开口说话啊？"从此开始了有声电影的时代。1997年春天，一位名叫Moon的韩国人在飞机上抱着沉重的笔记本电脑听报告的时候，脑袋突然闪过一个念头，如果电脑中的音频文件能够剥离出来单独播放，岂不是简便得多。于是，世界上第一台MP3诞生了。

很快，MP3风靡了全世界。可是谁也没有想到，还在几年前的中国，一些向来习惯见缝插针的小企业、小卖主们的"MP3不能玩了，找到新项目了吗"这一句话，却为MP3的命运奠定了基调。

如今，关于MP3的悲观论调充满了各种MP3的论坛。相关的数据显示，我国近两年MP3的销售一直在持续下降，呈现出一种快速衰变的状态。

MP3已经时过境迁，这种境遇还可以从全球最火爆的eBay拍卖网上的两个帖子所受到的不同待遇看出端倪。2008年年初，有人在eBay转售10年前的世界首台MP3随身听——Saehan MPMan F10，标价500美元，可两周内居然无人问津。与之相比，eBay上每当有人售卖比MPMan晚诞生三年多的苹果iPod第一代的时候，即使价格普遍高于800美元，竞拍者也会趋之若鹜。

MP3正在大步向我们告别，然而，在技术更新换代的大潮中，不同的技术企业也会被卷入不同的发展命运中。

导致MP3市场持续下滑的原因是多方面的：iPod、音乐手机及MP4等可替代性产品的冲击；MP3功能方面无较大突破，无法刺激消费者更新换代的需求，等等。在所有导致MP3濒临淘汰的理由中，苹果iPod的出现几乎被世人一致地排在了第一位。

在苹果的战绩册上，可以罗列出一堆的战败者名单：Saehan MPMan、帝盟Rio、iRiver以及无数的小品牌。世界上自从有了苹果iPod之后，即使索尼、三星甚至微软也只能屈居其后。

其实第一台MP3的技术参数本质上与十年后苹果的iPod Nano并没有天壤之别，唯一的区别在于后者又添加了一个大容量硬盘。

正像MP3加上大硬盘被拼成了iPod一样，蓝莓实际就是手机与电子邮件的结合体，而电视加上数字存储设备等于了Tivo，创新很多时候都似乎都是以技术杂交的方式往前推进的。

市场上永远都有创新和突破的空间，然而仅仅是技术的叠加是不够的，这种数学上的简单推演可以生成无数种可能，但是成功率却微乎其微。任何一种技术创新如果不能带来新的生活方式的变革，并引导一种新的消费时尚，最多只能成为对别人创新的一种附庸。

有人不断试图在为 MP3 翻身。洛杉矶的 LL 国际制鞋公司生产了一种名为 Code M 的跑鞋,他们在跑鞋的鞋跟中直接植入了一个 MP3 播放器,音乐可以通过无线信号发送到用户的耳机上。可是,这种产品除了可以不必在跑步时单独携带 MP3 播放器外,没有别的好处。

iPod 面市时,正值市场出现一些新的网络音乐下载消费信号,当时很多 MP3 企业都分神去做 CD 与 MD 自由转换的技术,而苹果却在此时开设了 iTunes 音乐商店,为 iPod 用户提供音乐和各种应用软件的下载。2009 年 8 月,iTunes 已占全美音乐销量的 1/4,使得苹果成为最大的音乐类零售商,超过了第二位沃尔玛的 14%。

现在,iTunes 已不再仅意味着音乐,图书出版商、音像企业也纷纷加入进来,特别是苹果软件商店的设立,已经让苹果从硬件企业转型成为了一家综合服务平台商。未来,iTunes 还可能向浏览器进军,这将意味着更加广阔的空间。

可以说 MP3 为 iPod 奠定了一种技术基础,而 iPod 却走出了一条截然不同的发展轨迹,使之在后来甚至反过来成为了 MP3 的天敌。

在苹果那里,MP3 死了,MP3 又没死。苹果恰恰在以另外一种方式延续着 MP3 的技术生命,使其从纯粹的技术蜕变成为了全新的技术服务。到目前为止,苹果成为了新一轮变革中最大的受益者之一。

MP3 的轮回是一种科技的命运,而 MP3 在中国还正在经历另外一种截然不同的产业命运。

MP3 曾经在中国市场上火极一时。仅在 2002 年前后,华南地区就涌现出了数百家 MP3 加工厂,集中了中国 80% 以上的 MP3 产能。然而,从 2007 年开始,甚至在更早的时候,MP3 产业经历了一场前所未有的行业洗牌,珠三角地区有近三成的 MP3 企业面临倒闭,许多品牌企业开始将注意力转向手机产业或者移动电视,而更多的代工厂则转产 GPS。

2008 年年初,珠海市 MP3 产品市场再次遭遇行业洗牌,首当其冲的是众多杂牌厂家,它们纷纷改弦更张,而众多二、三线品牌随着销量锐减,也面临或被淘汰出局的尴尬境地。仅深圳宝安区龙华镇在四个月中就有二三十家 MP3 工厂倒闭。这大概占了当地加工厂的一半。"订单越来越少,价钱越来越低,大家都赚不了钱",当地的工厂老板怨声载道。

中国的消费电子制造业一直存在诸多的问题,缺乏核心的技术,一味盲目跟风,以品牌换市场的低价竞争，已经成为各个产业需要共同克服的一个顽疾。而导致这种现状的正是国内相关产业生态链竞争混乱、基层创新乏力的结果。

一个MP3播放器主要由核心部件闪存和主控芯片以及晶振、片感、片阻、耳机等构成，加在一起不到20个元器件。MP3刚在国内兴起的时候，即使是一个只有几个工人的家庭手工作坊，只需"照单抓药"，就可以卖出很好的价钱。

过度竞争导致行业利润不断摊薄，一台MP3的毛利从200～300元被做到20~30元。在这种残酷的价值链竞争模式下，处于最下游的国内代工企业，根本无法承受成本压力的剧烈变化，必然成为价值链最早被淘汰的对象。甚至有不少企业假装倒闭，换一个牌子或换一个行业继续做。这样一来一回，钱被这些厂家赚到手了，行业却被它们一点点做死了。

一方面中国存在大量的这种小企业主，他们没有什么"产业理想"，为了挣钱经常鸟枪换炮；而另一方面，即使是中国的一些大企业也会因为缺乏核心竞争力，只能靠血拼来抵抗外资企业的围攻，代价昂贵，结局悲壮。

这就造成了一个循环怪圈：不断的转产，不断地跟在别人后边跑，企业一直长不大，而所谓行业或区域的竞争优势也随着群体性的淘汰迅速流失。MP3的这种产业命运与当年DVD行业几乎一模一样。每隔四五年就会有一次大的电子产业换代的机会，但每一次都是中国的加工企业以产能优势为国外企业拓展市场，只能赚取末端的加工利润。这似乎是过去20年里，中国电子行业摆脱不了的宿命。

其实，苹果的iPod也没有多少核心技术，但是它有出众的工业设计理念，更为关键的是，苹果早已把MP3从产品变成了一种服务，摆脱了商品化的困境。而中国制造同行们却仍然深陷在价格竞争的泥潭之中，不能自拔。

比较优势的转换

当前MP3的中国境遇，集中地体现了中国制造业核心竞争力的脆弱性。它也是过去近一个世纪以来基于价值链竞争中下游企业的一种典型困境。

在价值链竞争模式下，企业依靠扩大经营规模和提高产品绝对量来降低平均成本，因为只有较大的资产规模、生产规模和市场规模才能分摊、消化企业研发、服务、广告等的费用，提高单位成本的利润水平，处在同一价值链的企业通过加强彼此配合，共同完成价值的创造，并形成某种固定的价值分配模式。

具有规模经济的企业竞争优势最终取决于企业能在多大程度上降低成本，提升成本优势。处于价值链下游的企业由于缺乏核心技术上的优势，只能将自身的竞争力建立在劳动力密集所带来的低成本优势上。

过去我国一些企业盲目追求做大，为达到规模效益，一味追求快节奏生产，追求更高劳动生产率，而忽视市场本身需求的变化，非但没有给企业带来生机，相反导致企业库存增加，极大地降低了企业效益。即使成本优势得以充分发挥，一旦这种成本被压制到了极限，企业仍然难免落入最先被抛弃或被牺牲的境地。

互联网带来的最重要变革是，消费者比以往任何时候获得了更多的市场话语权，可以参与到产品的设计与生产当中；或者消费者根本没有意愿参与到社会的主流话语体系当中，只想表达自我，甚至自行生产、制造或自我服务。

当消费者的需求呈现多样化、个性化的时候，小批量、多品种、多规格的生产正日渐成为企业发展的重要趋势，在这种市场环境下，企业生产或经营两种以上产品、劳务或进行联合生产时，仍然能获得平均成本的下降所带来的巨大利润。

此时，企业的竞争优势不再通过加强管制或依靠降低劳动力成本来获得，持续不断的创新能力或花样无穷的创意才能才是企业最值得自我重塑和重整出发的地方。也就是说，企业或产业所依赖的劳动力成本比较优势已经不复存在，创新力正在成为一种新的比较优势。

生产如果缺乏创新，只能是一种破坏式的复制，其结果不仅会加剧恶性竞争，而且会加速产品更新换代，缩短产品的生命周期，最终导致企业的自我覆灭。我国很多制造企业都被套牢在这样一种复制的商业怪圈中。

科技最早是从宗教中发展起来的，它不仅仅是技术，更是一种文化。苹果绝对是科技的理想主义者，科技主义与技术主义还不一样，技术主义将人生和社会都纳入生产的技术系统，强调技术至上，工具支使人；而苹果一直从实际技术实践中，努力试图弥合科技与人文之间的不协调和紧张关系，尊重人文价值和人文精神，让技术服务于人。

过去，苹果一直在极力增强技术界面的个性化亲和力，让商业有了艺术的追求；iTunes音乐商店以及软件应用商店的出现绝非偶然，如何最大限度地满足用户的差异化追求，张扬自我个性，为此苹果不惜局部开放过去一直被列为核心机密的技术框架，把产品做成一个半开放的服务平台。

众包正在带来巨大的企业、经济和社会变迁。对于任何一个层面的组织来讲，在核心竞争力这个话语体系中，一些关键词正在发生重大的迁移。

价值链下游产业的劳动力成本结构优势已经不是关键因素，同时，众包还正在改变上游企业的核心竞争力结构，核心技术优势不再是决定性的制胜法宝。

过去企业一直依靠专利和技术保护来维持核心竞争力，现在，在某些行业专利已变得不那么重要了，专利可能并非一定就是创新。人们可能依然能够依靠某项专利进行创业，但是创新一定要能为市场带来新的思维，为企业、用户以及社会创造新的价值。

专利是典型的内部研发模式的成果，今天，企业仅仅依靠内部的创新已经不可能应对来自供应商、消费者、竞争者日益增大的压力。于是，企业开始将研发结构进行对外开放，更多依靠外部力量来推动企业创新，创造新的赢利点。

封闭保守型的大公司已凋零，从股市指数列表中彻底消失。对世界经济的动力主要是来自创新的企业和跨国公司（如通用电气、IBM 公司、3M 公司、宝洁公司和波音公司，它们都在财富500强的名单保持了50年左右），它们在不断地重塑自己。开放式创新精神正在成为代替劳动力成为国家以及地区之间经济竞争的一种新的比较优势，除此之外，没有别的可以给企业或产业提供必要的杠杆去维护自身的竞争力。

另外，互联网还加速了产品的更新换代，一种创新的"市场窗口期"即产品从萌芽到上升期大为缩短，没有到达市场销售高峰，甚至还在研发阶段，就已经被标准化成为了通用产品，而一旦被标准化，也就意味着价格被锁定，利润空间被压缩到最小。

面对这种商品化困境，典型的价值链企业所做的反应是集中控制。在《开放性成长》一书中，作者对集中控制所带来的后果是这样描述的："加强管制的策略集中在实现降低成本、外包、提高效率、并购和重组过程。可是在这里，又有一个地狱般的结果：控制诱发了真正的推动力量，这些力量的创新又需要把控制放在首要位置，这样就形成了一个可怕的反馈回路。"

互联网撤除了企业对传统边界的保护和统治，以及对产业价值链的控制；同时，企业对成本效率追求的不变法则，也迫使它们主动放弃对某些关键性生产资源的控制权，通过放松管制来获得一种外部成长。为了从商品化困境中挣脱出来，企业需要在标准化基础之上完成商业的组件化，组件应该是易于对接并能围绕用户需求进行动态匹配的，最终实现一个标准化产品或业务程序向服务平台的转型，并将商品转化为自身的一种竞争优势。

在转型过程中，原先被企业作为核心优势的技术被重新定义，成为了一种具有沟通、协调和同步功能的支撑性基础工具，而服务平台则是企业与各种需求关系进行匹配、建立关系网络、广泛联合资源以及扩展价值等一系列商业服务能力，它正在成为企业持续获取新能力的来源，也是企业获取新的商业机遇，进行产品或服务创新的一个生态资源库。

与集中控制相对，在服务平台模式下，企业将更多地学会如何去识别、发现、把握需求，并吸引建立复杂的关系网络，加强与外部的协调、合作，在关键时刻知道如何去激发创新，然后对自身所处的价值网络辅之以长期维护和投资，来提高企业的市场应变能力，灵活有效地配置价值网络，以客户为核心进行持续创新。

价值网络通过成员公司之间的相互关系连接成一种动态、有机的价值创造体系。单个企业与供应商、顾客、竞争者、互补者之间的关系错综复杂、纵横相连，演绎出极为复杂的价值创造系统。如果企业关系出现问题，技术能力就不能以有效方式组合在一起。和谐的企业关系才可以维持价值网络技术能力的动态均衡。

在新的形势下，企业之间的竞争正在从过去硬实力的拼抢转变为一种软实力之间的较量。通常，企业的硬实力是指企业的厂房、设备、资金、人力资源、原材料、技术等物化状态资源以及对于这些资源的控制管理能力，或者是指企业能够满足市场的不断变化需求、具有持续生存实力并形成产业化的核心技术和具有较强市场生存能力的标志性产品。

企业的软实力是指能够适时为企业提供战略支持、适应企业内外部环境不断变化需求的管理体系和管理思想。它是通过吸引别人而不是强制它们来达到你想要达到的目的的能力，"能让他人做你想让他们做的事"，或"强调与人们合作而不是强迫人们服从你的意志"。软实力不仅仅是影响，也不仅仅是说服，它是引诱和吸引的能力。价值理念、管理科学、创新能力、企业文化、品牌战略、社会公信度、企业内外部环境和谐指数等常常被列入企业软实力范畴之内，总之，它是一种文化力。

在价值网络的商业语境下，企业软实力的内涵又有了新的拓展，甚至是重大变革。价值网络不仅打破了企业作为一种组织结构的边界，也打破了企业的资本结构。在价值网络中资产结构也是开放性的，尤其是知识力量的可以在犬牙交错的复杂结构中无边界地充分流动，不仅传统的依靠固定设施、专有技术以及专业人才等要素来衡量一个企业的实力已经不适用了，而且过去被视为软实力的价值理念、管理科学以及企业文化等内容也需要重新改造。

在传统的经营模式下，企业的价值理念、管理科学以及企业文化等仍然多多少少保留自上而下集中管理的色彩，因而很多时候，一个企业的文化和价值取向往往都带有极大的企业家个人风格，而所谓科学管理也只是对结构化、标准化和流程化的追求。

改造企业软实力的力量来自外部，价值网络完全打破了企业过去隔绝一定边界之内的实力模型。虽然企业也一般倾向于和那些具有独特能力的企业发展关系，一个企业需要具有独特的能力立足于集体生存体系里去，但是，价值网络更强调与外部的融合，其中就包括在文化、管理以及价值理念等诸多软指标上的和谐相处，因此需要更大的灵活性和创新精神。

所谓文化、价值理念等既具有很强的主体性，同时，也可以通过相互交流发生传播和演变。在一个价值网络中，各成员企业可以个性的生存，但是个性并不意味排他性，它们还需要学会如何在交流、碰撞以及相互影响中融入到集体的文化之中。

英特尔公司的新员工培训基本上不涉及技术方面的内容，很大部分是讲公司的文化，五天课程可能有两天在讲公司的文化。美国戴尔公司的培训内容则包括企业文化定位、技术技能、领导艺术及挖掘员工潜能方面的课程。而 IBM 公司基层经理在走上新岗位的第一年接受80小时的课堂培训，内容包括公司的历史信念、政策、习惯做法以及如何对员工进行激励、赞扬、劝告等基本管理技能；部门经理则还要接受有效沟通、人员管理、经营思想、战略计划等方面的培训。

未来的社会是协作型社会，以合作求竞争才能达到利益的最大化。企业培训内容正从狭隘单一的职业培训转向丰富多彩的全方位培训。不仅要求员工掌握其工作中所需的知识和技能，同时还要求员工掌握沟通技巧、团队工作技巧等诸多方面的技巧。

其实，众包让企业之间互为一种动态的资本，它不是固定的、可以精确估算的。某个企业的软实力可能既是自身的单独资产，同时也会变成是集体的共有资产。企业只要善于借用，其他企业的软实力也可能成为自己实力的又一种扩展。因此，可以说，企业的实力在经历种种开放和重组之后，已经延伸为庞大的商业网络，而整个价值网络就是企业的资本。

企业要让各自所在价值网络发挥出最大的经济效益，关键在于基础平台对于各组件的匹配和整合能力。企业通过自我重组使内外资源与外界的注意力集中到一个或多个平台上，还会形成一种"平台品牌"的优势。

"平台品牌"代表了整个商业价值网络的整体实力，处在这样一个生态系统内的企业遵循优胜劣汰共同生存共同进化的竞争规律，依靠单独的实力已经很难有长远的发展，同样，"平台品牌"的声誉不因单个企业的兴衰而受到重大影响。相对单个企业品牌而言，"平台品牌"整合了整个生态系统之内的文化、价值观、管理体系、创新能力等多个方面的优势，更难以被替代，因而具有广泛、持续的影响力。

企业可以打造自己的平台，也可以加入别的平台网络，不管是哪种模式，实际都是在构筑或参与构筑一个商业生态环境。平台正在变成一个区别企业拥有主要竞争力的重要因素，它甚至具有能创造出大规模的结构化竞争差异的能力。

以前企业打造商业生态环境的能力几乎完全被忽略在企业的实力构成之外，因为它需要长期投资，可是又不能在短期内带来回报，而且也不会产生直接的货币效应，也无法估算。而现在，创新的动力更多来自于终端，企业甚至需要从市场培育期就开始参与外部合作，平台的意义实际上是对于一种知识商业环境的构建。

基于这样的一种意义上，完全可以认为，是文化在决定生产力。

生态效益资产

同样，价值网络也会导致衡量一个地区或国家经济实力标准的改变。

价值网络必然导致企业突破地理限制形成一种虚拟空间上的创新集群，每个企业参与一个或同时参与多个创新的分工，甚至可以实现车间级或流水线级别的小规模多品种的精益生产与创新，从而形成一个动态稳定的社会、经济网络结构。

一个创新集群网络的竞争优势正是来源于网络各个节点贡献的资源、能力、价值和网络对这些资源、能力和价值的优化整合能力。每个网络节点为价值网络贡献自身的技术能力，通过网络生产和销售集成产品或服务，实现利润。同时网络的组织化提高了企业技术学习的效率，通过学习将外部知识纳入自己的技术轨道或重建技术轨道，从而形成一个良性循环，促进网络的进化和优化。

一个以创新为共同目的而形成的虚拟空间产业集群，能够比企业单独发展带来更多的竞争优势。

成本结构的优化——企业通过价值网络可以与其他成员企业分摊各种运营成本，比如，可以共同承担企业厂房、机器等固定资产的折旧费用，以及其他一些固定费用，从而降低单位产品的固定成本。这样一种共享资源的结构有助于企业将原来的固定成本转化为动态成本，并且能够很容易地快速根据需求变化适时调整成本规模，从而达到企业成本结构的最优化状态。

按需重组资源结构——价值网络让企业可以通过众包、外包、共享或者服务等各种方式进行资源重组，借助商业组件在更广阔范围内实现的动态匹配和组合，企业能方便地做到这一切。企业可以通过交互界面在组织内部和外部建立组件之间的连接，以市场需求为出发点，调动一切相关的研发资源进行创新，也可以组合新的资源开展市场营销，甚至引入外部资源参与企业管理，等等。当然，真正有价值的资源重组必定是以不超过从前仅在内部调动资源所花费的成本为前提的，而且需要能产生积极的市场效应。

提高整体竞争力——价值网络内大量企业相互集中在一起，联合开发新产品，开拓新市场，建立生产供应网络，由此形成一种动态的竞合机制。这种机制的根本特征是互动互助、集体行动。通过外部协同方式，中小企业可以在培训、技术研发、产品设计、市场营销等各个方面，实现高效的网络化互动和合作，以克服其内部规模经济的劣势，从而能够与比自己强大的竞争对手相抗衡。在价值网络内部，许多单个的、与大企业相比毫无竞争力的小企业一旦被激发起来，可以在某个特定领域超越自身形成更强大的全新竞争力。价值网络使得许多本来不具有市场生存能力的中小企业，由于参与到了新的生态系统里面，不但生存了下来，而且还增强了整体的竞争力。

促进创新生态化——价值网络中的成员以创造价值为目的，通过创造价值、传递价值把彼此联系在一起。一个创新性的价值网络是一个动态开放系统，在这个网络中，技术、人才、信息资金及政策等其他资源合理流动，进而使得整体资源的结构发生调整，资源配置更加合理，整个网络内的技术创新活动成为一种动态有序的过程。同时，各个不同行为主体在相互作用、相互激发中采取了良好组合的行动方式，在分享中创新，在创新中分享，相互学习、相互促进，各尽所能，各得其所，共同进化，不断创造新的价值，推动创新朝生态化发展，取得了"整体大于局部之和"的效果。由于这种技术创新以市场需求为导向，容易取得消费者的信任与支持，从而还能带动和引发其他相关行业或企业的相关创新活动，并形成支持性创新集群。

增强风险抵御力——企业可以同时进行多种产品的开发和生产，一旦市场需求发生细微变化，可以迅速对产品进行持续改进，以延长其生命力，从而得以不断逃脱商品化困境。另外，企业不断发掘成长型业务的机会，开发新的产品以淘汰进入衰退期的产品和相关服务，使企业能够有效地抵御市场衰退和业务萎缩的风险，保持旺盛的生命力。

价值网络可以强化生态系统内的"新陈代谢"机制，有效缓解企业快速"衰老"。当市场发生剧烈变化或竞争激烈时，尤其是现在整个市场环境内不确定性因素比以往任何时候都大为增加，企业通过与价值体系内其他企业的紧密协同，可以强化自身对市场变化的洞察力，更果断地采取应变行动，不同环节的企业能分别承担相应的压力，从而将风险化为最小。

在企业网络中，创新集群的经济效益大小主要受企业种群数目、企业本身的知识生产能力和吸收能力、企业间的知识相似程度、相互依赖关系以及网络协同能力等因素影响。根据梅特卡夫法则（Metcalfe Law），网络的价值以网络节点数平方的速度增长，这一点似乎同样适用于创新集群的商业价值网络。其中有些效益是直接产生的，是可以准确估算的有形资产，比如一些有形的资源或生产出来的产品和服务；而还有些是看不见的效益，如企业或群体的创新活力、知识吸收再造能力、激励效应、抗风险能力，等等，这些构成整个生态系统的无形资产，同样为每一个成员企业所共同拥有。

近年来，林业经济学界及会计学界在研究林木资产会计核算时，一些专家开始考虑应该将"森林生态效益"当做"无形资产"列入其他森林资产当中。在价值网络所构筑的商业生态环境中，也存在这样一种"生态效益资产"。

森林生物多样性资产是有形资产和无形资产相互统一的整体。当森林生物多样性作为提供木材、竹材和蘑菇及其他动植物产品来源时，释放的是直接环境效益。而这种森林生物资产的最大特点是具有生物转化功能（岳上植"森林资产的特殊性及其确认与计量研究"）。生物转化是指导致森林生物多样性资产质量（遗传价值、密度、成熟期、脂肪层、纤维强度）或数量（重量、立方米、纤维的长度或直径）发生变化的生长、蜕化、生产、繁殖的过程。因此，当森林生物多样性作为涵养水源、保育土壤、固碳制氧等森林生态效益资源的时候，释放的是间接环境效益，此时属于无形的森林生态资产。

同样对于基于价值网络的商业生态系统来讲，企业通过虚拟空间上形成的一种创新集群不仅可以带来更多的新产品和新服务，同时通过知识和价值的自由充分流动，还会共同推动整个企业网络在人才培养、知识生产、创新活力以及生态上的优化和进化，并可能对周边所有相关产业、政策配套都起到积极的推动作用，产生强大的生态效益。

生态资产融入到每个成员企业内部会极大地增强其竞争优势，它虽然不能准确地体现在财务报表中，但是对于一个企业来讲，就好像是土壤、水源和空气一样，从根本上决定了企业乃至整个价值网络的生存状态。

当然，在价值网络体系内，这种商业生态资产不能脱离有形资产而独立存在，两者相互依存，其价值的形成、消费和补偿过程密不可分。有形资产在其实物量和价值量的增减变动过程中，生态资产也相应地发生变动，其所发挥的生态效益也会发生变化。

价值网络的体系结构非常类似于一座城市。在一座城市里，需要协调所有的交通、生活设施、社区管理体系、应急系统以及其他方面之间的关系，良好的城市管理需要复杂的规划、设计和实施。城市管理者所要做的就是，提供完善的服务平台，让城市的各个职能部门在上面能充分地发展和建设城市的服务功能。

一种良好的商业生态环境反过来能够促使"虚拟"聚集区内的各个组成部分利用各自的人力资源和技术优势，使产、学、研更为有机地结合，实现优势互补，提升科技转化为直接生产力的速度，加快产品和工艺等方面的技术升级，从而增强企业在差异化、技术创新、生产成本、抗风险能力等各方面的优势。

对于一个城市、地区乃至国家来讲，随着单个的企业越来越化于"无形"，越来越超越地域以及规模的限制，其经济实力的衡量标准之一也将转向于对商业价值网络的培育、支持和服务能力。

过去，单纯地依靠廉价劳动力、廉价资源片面追求产品低成本的简单生产模式一直被作为"中国制造"的优势。在新的形势下，如何基于价值网络扶持更多具有结构差异化的虚拟空间创新产业集群，使其形成一个个既相互独立又互为关联的具有充分竞合关系的完整而成熟的小生态，依靠持续地发挥生态效益形成独特的难以被复制的竞争优势，才是我们接下来需要长期努力的方向。

第八章　从制造到信息服务升级的机会

众包作为一种知识的外包，不再仅仅是一种产品经济，更多是创新型经济。

当前，技术发展已经从突破性创新阶段进入了一个渐进式创新时期，这样一个大的基调决定了多数创新都将围绕应用服务以及营销等环节而展开。《开放性成长》的作者认为，类似 MP3 等电子消费产品、手机以及 PC 等制造业都已经经历了商品化周期，优势明显转移到了设计和创作过程领域、创意平台的核心。持续不断的创新是企业摆脱商品化困境的最佳路径，也是企业获取成长的核心问题。无论一个企业的商业生态环境如何被商品化所困，它依然可以通过融入新的创意或创新服务流程来实现新的增长。

产品经济满足的是人们的物质生活需要，而创新型经济是为了满足人们不断追求精神多样性享受。产品的生命周期变得越来越短，以后经规模化制造的东西甚至可以是免费的，比如手机，收费的是基于手机上的各种应用服务，制造商、平台运营商、软件开发商、经销商以及相关企业之间将聚集在服务型的网络上，重组价值分配模式。从产品经济到创新型经济，就是从制造到信息服务的转型。

由于价值网络的创新主要由终端用户来驱动，不再受制于大企业对资本和核心技术的绝对控制，这给了众多的中小企业前所未有的机会。它们在这种创新型的经济中，由于快速的应变能力和敏捷的按需生产能力，将发挥更强大的作用，其经济和产业地位也将日益上升。

中小企业被称为"最活跃的经济细胞"，其数量占我国企业总数的90%以上，中小企业活力还是衡量一个国家经济创新力的重要指标，每年我国申请的专利75%来自于中小企业。然而，长期以来，我国中小企业由于本身规模小、资金短缺、设备陈旧、人才缺乏，尤其是信息化应用程度不足，因而缺乏新产品开发和技术创新的能力，造成一味依靠大量模仿、复制的恶性竞争，来赚取规模经济效益，生产出来的产品大同小异，彼此之间差异性不大，抵御外部经济环境风险的能力也差，长期缺乏自身独特的竞争力。

在新的竞争环境下，中小企业拥有了大把重新开始的机会，关键问题是，在新一轮的洗牌过程当中，必须首先从改造自我开始，不仅要勇于创新，更要懂得如何创新。在组建价值网络时，中小企业没有创建组件的主导权，但是可以通过借助互联网进一步亲近用户，在服务用户中建立自身独特的优势，并灵活地选择加入不同的商业网络，以此来提升与大企业对话和博弈的资本。

中小企业组织规模小，不需要花费很大的代价用于企业自我再造和重组，因而可以同时从各个环节面向创新型经济进行流程和组织的设置。

在研发创新上，可以充分利用互联网各种功能的社区，设置了"外部创新主管"，寻找和引进外部智库，或者与其他中小企业组建联合开发网，进行外部创新。另外，大部分新产品来源于顾客提出的创意，而不是来源于企业内部的头脑风暴会议或者成熟的研发活动，因此有必要围绕自身产品或服务，组建一个企业自身的用户社区，将用户从一个纯粹的消费者转化为一个合作生产者。还有，企业需要对生产线进行标准化改造，赋予其更灵活的生产能力，不断实现产品的升级换代和多样化。

在市场营销上，可以学习中粮悦活的案例，根据自身产品或服务的定位选择社区，甚至可以直接聘请某些社区版主成为企业外部营销顾问，通过吸引社区成员共同参与的方式，制造共同的回忆经历，理想的结果是，让更多的人参与为企业进行传播，从而产生营销的效应。

在组织管理上,改变以往企业生产和销售两头重的人员组织结构,要善于借用外部资源,加强对员工外部协调与合作能力的培训。在组织内部淡化管理的色彩,增加授权,提倡内外民主与合作。

在融资方式上,进一步拓宽融资渠道,甚至可以联合价值攸关的企业,开展产业链融资。近年来,大量"小而专"的企业更受风险投资青睐,前者能够提供更完善的风险管理机制和回报机制,从而大大丰富了资本与人力等资源的供应,许多商品和服务向市场推广的速度越来越快。"小狗经济"正逐渐打败"大象经济"。

在品牌形象上,互联网是最好的口碑平台,也是最锋利的评判利器。企业需要知道如何善用网络,弄虚作假在这里会变得无处可逃,真实地面对用户是有效的方式。

此外,从政府角度来讲,应当加强对中小企业的立法,对经营运作、融资手段、劳动用工、市场竞争等做出详细而明确的规定,同时为其提供生产经营、销售、融资、技术等方面的政策扶持,给中小企业一个公平合理、竞争有序的市场环境,促使其不断进行创新,形成完善的创新机制。

在价值网络的商业生态系统中,平台运营商作为一个集群中的领导型企业,它的良性发展可以对周围大量的中小型企业起到积极的带动作用,反过来,中小企业是否能够兴盛和繁荣起来,也将直接决定整个系统的创新活力和整体竞争力。比如,第三方电子商务平台盘活了相关产业的一大批中小企业。目前除了阿里巴巴这样的综合交易平台,还有一些依托批发市场的交易平台和基于区域的电子商务平台,以及相当一部分只供某个行业进行信息交流和交易的第三方平台,如旅游行业的易游通、钢铁制造业的中国钢铁网等,也是中小企业聚集的电子商务平台。同时,这些中小企业也在不断推动平台的发展中起到了中流砥柱的作用。

一个价值网络拥有的中小企业越多,意味拥有能满足越多样化的市场需求;反过来,越能推动价值在整个体系内的充分流动,并加速创新的多轮转化,从而形成一个有别于其他价值网络的独特的差异化竞争优势。

网络化经营

"张小盒没有具体个性。"

"多数白领如余华小说《活着》中的福贵被生活压抑着。"

"所以我们设计了张小盒,每个白领都能在其中找到自己的影子,他们需要放松。"

80后的林小能这么说。张小盒是谁?白领们为什么需要张小盒?

张小盒,方脑袋,眼睛小到可以忽略不计,笑的时候咧着嘴,偶尔做些傻事,被同事黄阿狗捉弄,惯用阿Q式的精神胜利法安慰自己紧张的神经。没错,张小盒是系列漫画丛书的主角。

2007年,这个小小的卡通人物几乎同时出现在天涯、猫扑、博客以及其他论坛上,接着关于张小盒的一系列漫画故事被无数次地在网上传阅。一年后,张小盒的小故事缓缓浸润着白领们的心,出于对小盒的喜爱,北京、上海、广州、安徽、厦门、大连、山东等地的盒粉们自发组建了MSN群和QQ群。他们将张小盒的漫画故事转到自己的博客上,贴到论坛中,表达自己对小盒的喜爱。

陈格雷是盒子创意的缔造者,现在是盒子动漫的"老大"。"放眼望去,整个办公室的格子间就像一个个小盒子,办公室是个盒子,办公楼是个大盒子,汽车是盒子,住处是盒子……每天白领们的生活就是从一个盒子出去,又进入另一个盒子,周而复始",陈格雷说。

上班族应有自己的代表,那就是张小盒!

现在,张小盒已经成为一种现象、一个话题,甚至有人总结为一种文化。朱德庸成名的开始是报社的约稿,其后影响力开始扩散,而张小盒借助互联网,缩短了成名的过程。

"每个人都爱传播,网络时代,传播的媒体更是多样化,传播的门槛也没那么高",盒子动漫社的创意人员林小能说。他不承认张小盒是口碑营销的创始者,"网络是个开放的社会,只有成就了别人,才能成就自己。"

随着国内某大报开始关注张小盒,电视与广播也开始跟进。2008年,张小盒的故事被中信出版社看中,并且出了一本书《张小盒office变形记》,"这仅仅是个开始",林小能说。

陈格雷和林小能所在的盒子动漫社,因为借助各种网络社区的营销,产生了众包式的效应,使其从一间默默无闻的小公司很快成为了一个在圈内闻名的制作团队。

经过对张小盒成功营销的一次历练,盒子动漫社从漫画创意设计阶段到后期营销都建立了相对成熟的基于互联网的创新流程,从而构成了企业围绕创意为中心的创新型组织结构。

现在，盒子动漫北京的创作团队主要产生创意，而制作团队分设在外地。他们的创意基本上是以看漫画的人为基础，每一个创作者都有打工的经历，身边的人、各大媒体上有关白领生活的报道，以及网上大量的素材资源，均可能存在的细节会成为他们创作的灵感。

在营销上，除了会集中借助社区的优势外，"当然我们有一些针对性的传播策略，通过一些个人媒体、有针对性的群体进行筛选"，发现一些对这些话题感兴趣的群体，他们对这些话题都有一定的发言权，是这个行业的意见领袖。"但是最关键的还是内容"，林小能说。

的确，口碑也有好坏，如果是一些负面的评价，那么结果就是臭名远扬了。

动漫产业是一种典型的创意经济，盒子动漫社的成功之处在于，巧妙地利用各种方式从读者那里收集想法，然后再将动画成品投放回广大网友，通过网络口碑效应达到营销的目的。让创意来自于读者，再反馈于读者，从而形成一个有效的读者、动漫公司、读者的价值闭环。

张小盒的成功绝不仅仅是一个个案，互联网为人类社会带来了历史上门槛最低、最大众化、自由度最高、最公平的创业和经商机会，由于互联网商业具有开放性、低成本、风险低以及资源丰富等特征，一大批个人、中小企业正迅速地、规模化地围绕互联网进行创业或转变经营模式。

尤其在近两年，受全球金融危机影响，消费的低迷以及信贷环境的恶化不断侵蚀全球中小企业的创新力和竞争力，并进一步危及了其生存，其中我国中小企业受冲击最大，面临洗牌也更多。纺织业、鞋业、玩具、五金钢材、汽车、电子信息等制造业都受到了不同程度的冲击，仅2008年年上半年就有6.7万家左右的中小企业倒闭。许多中小企业不得不开始寻找新的出路。

浙江海利集团是中国最大的毛绒玩具出口企业，在国内玩具出口一片寒冬之际，该企业却连续两年销售额不断创出新高。海利强劲的逆势增长非常抢眼。

海利集团旗下的海利玩具公司，十几年来长期为国外品牌代工生产毛绒玩具产品。2003年的一天，美国 Ganz 公司的到来，将海利玩具的经营带上了一条创新之路。这家美国客户跟海利集团有着多年的合作。它们打算在美国开发一款网络游戏，但是它们希望网络游戏中的角色有"现实版本"，海利就这样成了网络游戏的配套生产商。

很快，这种结合游戏的线上线下互动带来了玩具的热销。海利做了16年的代工，销售额只到9 000万美元，而到了2007年，年出口销售额忽然到了1.1亿美元。这件事给海利玩具的现任董事长方光明带来了极大的触动，然而，当他再去核算单个玩具与美国客户的利润差别时，却再也坐不下来。

从2004年开始，海利与Ganz公司建立了合作关系，专门为其网上游戏配套生产Webkinz品牌玩具。可在美国售价十几美元的Webkinz玩具，到了海利这边平均每个玩具的售价很可能还不到一美元。这是十几年来下游制造商一直努力却挣脱不了的一种典型困境。

2008年年初，方光明出资数千万元，收购了一个韩国网游团队，负责把中方团队的产品设计想法在游戏里实现，目的是为了打造属于海利自身的游戏玩具。海利玩具将这次转型的主题设为创新。

2008年年底，海利玩具先后斥资共一亿元人民币开发的"网娃总动员"网站上线。"网娃总动员"主要包括两部分内容：一个是针对儿童的"成长乐园"频道；而另一个，则是针对青少年的"魔法书"，这是一款网游概念的娱乐产品，里面包括了各种游戏形式。

如今的海利集团已经拥有了一系列毛绒玩具：狐狸灵灵、粉猪美美、猴子小义、老虎阿蛮。每一款海利生产的虚拟游戏中的玩具现实版本都附带一张密码卡，孩子买了玩具后，通过登录游戏社区，输入玩具密码，在游戏中形成了一个虚拟的生命，能说、会动、会学习，还会交朋友。

目前，海利网娃动漫的产品已经推向了各省新华书店的柜台，此外，网娃动漫还与数百家经销商签署了代理协议，通过遍布各地的经销网络，网娃动漫正在走向全国。

传统的玩具产业完全是实体制造。至今仍为人们津津乐道的是好莱坞模式，如米老鼠和唐老鸭的销售，先卡通热播，后才有实体玩具。在这种集中创新模式下，下游企业很难参与进创新的链条当中。而现在互联网给为它们提供了一条截然不同的路，使其有机会在传统的制造和销售环节，将核心竞争力向创新创意转移，从而完成企业从下游到上游升级。

单就玩具产业而言，"网娃模式"实现了从实体到虚拟结合实体的设计上的转变，已经完成了一次创新的飞跃。不过，海利集团的创新显然更往前迈了一步，"网娃模式"还将 B2C 电子商务模式引入了玩具领域；而如果放到 SNS 领域来看，它又可以看做是一个儿童社区的电子商务化尝试。因此，"网娃模式"是 B2C 和 SNS 的一次有机结合和有益尝试。

盒子动漫和海利玩具原本是属于两个完全不同的产业，而互联网却让它们在今天成为了同行。一个是利用互联网进行创业的新生力量，另一个是通过互联网完成转型的传统制造商，二者都成为了网络创新型企业，但是却演绎了两种不同类型企业的创新升级路径。

虽然如此，盒子动漫和海利玩具都还仅仅是迈出了第一步，尤其是有人质疑海利玩具是在拷贝美国 Webkinz 玩具的商业模式，今后很可能出现后劲不足的情况，显然，二者在利用价值网络进一步构筑和强化自身核心竞争力上仍然需要不断去尝试与创新，提高信息服务的个性化和差异化。这也是所有中小企业今后面对的长期的课题。

当旧的企业生态面貌被打破，新面貌尚未成形时，对于中小企业来说，信息创新的价值或许不能决定存亡，但是蕴藏着先机。

制造业转型

商业价值网络中的控制是分散的，它依赖于成员企业之间的互相协同和依赖，比如，在联合技术开发的过程中，这种控制由于每个成员所具有的市场能力不同而被不均衡地划分。

尽管如此，不同成员企业之间在资源配置能力上仍然会呈现不同的差别，这在价值网络中很普遍。一些成员总会比其他成员显露出更强大的力量，小企业可能完全依赖于主要的大企业，而且必须服从它的条件。

穆尔认为，在每个生态系统中都有一个占支配地位的参与者，叫做重点物种。价值网络中必须有一个战略中心企业，通常它就是平台的运营商。虽然，平台运营商在价值网络中不再具有支配性的地位，而是更多通过协调、监督和激励等民主的手段来执行网络的管理任务，但是由于专业分工的关系，许多质地优良的中小企业技术创新能力强，却缺乏必要的辅助性资产，仍然会自发聚集在某些拥有更强的资源优势的大企业周围，因而大型企业往往具有向平台运营商转型的天然条件。

大中型企业是国民经济主体。我国大型制造企业过去一直在推动国民经济的发展过程中发挥了突出的作用，在新一轮经济大潮来临之时，它们能否顺利完成从制造到信息服务的转型同样至为关键。

我国大型企业是企业信息化乃至整个国民经济信息化的先行者，早在上世纪80年代就大规模开展了基础设施建设，近年大型企业信息化已经迈过基础设施建设阶段，进入深化应用的新时期，并已开始对各领域特别是业务领域深度渗透。不过，我国大型企业尤其是制造企业大多规模庞大，管理结构复杂，业务流程管理水平较低，这些都成为下一步向平台服务转型的负担和包袱，为此，有必要进行新一轮的信息化改造和变革。

价值网络是一种全新的商业经营模式，首先要求企业开放某些资源甚至是核心资源的控制权，这意味着企业需要有些价值可以让渡出去，只有释放和让渡才能吸引外部更多的资源，所以企业必须再次革新经营观念和价值观。

在完成企业初步的信息化改造之后，企业需要对内部所有流程重新进行梳理，从研发、生产、市场等沿着企业内部的价值链对业务单元进行初步的分解，把业务分解成一个个单一的能力要素。然后再逐渐将能力要素进行详细描述，重新进行更有针对性的定义，分辨出哪些是核心的优势资源，哪些是非核心的非优势资源，对于那些非优势的不能再为企业带来新的增长的资源，能外包的尽量外包。

接下来就可以进入创建组件和平台的准备过程。此时，企业需要将核心能力或资源再进行细分，确立哪些是可以通过标准化改造成商业组件。这些组件实际上是为企业连通内外价值网络提供的基于能力的大量标准化"接口"，通过不同组件之间的协作、创新和竞争，企业将各种能力协同在一个无形的网络平台上，从而形成企业的价值网络。（参考《开放性成长》）

企业的网络平台必须是具有独特优势的一种能力或系列能力组合，甚至包括企业的某种核心资源。核心资源一直是企业所重点保护的对象，实际上，从理论上讲，没有哪一种资源是不可以组件化的，只有优势资源，才能够对其他成员构成足够的吸引力，形成一个完整的网络。

事实上，企业让渡核心资源并不会削弱自身的核心竞争力，价值网络恰恰是网络核心企业对于自身核心能力和优质资源进行管理、强化以及保护的平台。在动态变化的价值网络中，不断有企业加入或是退出网络，所以核心企业必须要具有一定的规模和地位，才能处于价值网络中最具有影响力的地位，使其他企业能够紧紧围绕在它的周围。

在某种程度上，一个能力突出的价值网络会具有锁定效应，不管是成员企业还是终端客户放弃原有价值网络，转换成为其他价值网络的成员都需要付出较大的代价，只有这样才能保持一个完整、和谐的网络体系。

宝钢作为国家特大型钢铁联合企业，经过近几年在企业信息化方面的建设，已建成较完善的企业内部信息系统，在生产、管理上做到了生产实绩、库存和合同的实时跟踪及动态分析，并建立了庞大的企业数据仓库。

不过，宝钢所拥有的信息优势却不能方便地与供应商和客户共享：供应商不能及时方便地了解宝钢的采购动向，客户无法直接在网上订货，订货后无法及时了解合同的计划、生产、发货及质保书的情况。这较大程度地影响了宝钢与上游战略供应商、下游战略用户之间的业务协同与合作。

当前，钢铁行业的下游用户小批量多品种短交货期高品质的要求日益严格，而上游战略物资供应日益紧张。为了以最快的响应速度、最安全便捷的手段向客户提供所需的信息服务，缩短钢厂与最终用户之间在供应链上的距离，在整合了以宝钢为核心的供应链资源基础上，宝钢建立了具有自主知识产权的以"宝钢在线"为代表的电子商务平台。

围绕该电子商务平台，一方面，宝钢借助内部价值链信息化的优势，将采购、销售、物流、客户服务等各个业务组件重新进行了整合；另一方面，宝钢与外部供应商及第三方资源、下游客户等企业之间通过统一的数据交换标准，实现了企业之间的数据连接，通过内外网络的业务协同，实现了宝钢以产品为中心向以客户服务为中心的战略转移。

以电子商务手段整合外部配套服务资源，如今，宝钢在线已成为宝钢创新电子订货、电子采购、用户服务、物流协同、电子对账、数据传递等电子商务活动的专用平台。

通过网上订货，国内外的客户可以直接进行订货的询问和实现网上订货、产品质量外设计、质量异议用户可以通过网络直接查询自己所订合同的生产进度、发货情况、在途运输进度、质保书信息及货款信息，大大缩短了信息沟通的时间，提高了用户满意度。

比如，钢铁产品生产周期长，传统模式下，用户无法掌握产品生产进度、运输情况，有效安排生产和库存缺乏手段。通过宝钢在线实现合同、库存信息共享，用户能及时了解宝钢的生产、运输动态，将宝钢变为用户的上游仓库，这种"虚拟库存"为用户提高计划精度，降低原料库存创造了有利的条件。

另外，物流服务体系是对宝钢钢铁主业及贸易产业的支撑，其直接服务对象主要包括供应服务体系、销售服务体系，并为上述服务体系的供应商及用户提供服务。物流服务涉及货代、船代、仓储、口岸等一系列环节，物流服务体系是信息交互的集散地。通过宝钢在线，物流服务商可以及时获取出厂相关的信息，下载作业计划和作业指令等电子单据，提高出厂作业效率。此外，还可以把作业实绩传送到平台上来，解决用户对在途在库货物情况的跟踪。

通过宝钢在线，宝钢还得以与战略用户之间加强协同，从新品研发、生产计划到售后服务等各层面的业务流程进行融合，提高战略用户与宝钢的业务紧密度，实现长期双赢。

围绕系列电子商务平台，宝钢的股份公司、海外公司与供应商、物流商以及客户之间已经被紧密地连接成了一个有机的整体。一些规模小、技术水平低、管理差、粗放经营的供应商会逐步淘汰，而一些更有竞争力的潜在供应商则会逐渐被吸引和加入进来，从而优化了供应商结构，也促进了整个价值网络的良性发展。

企业价值网络的形成是资源整合、服务整合、品牌整合和文化整合的过程，在企业间形成新型市场关系。借助电子商务平台，宝钢在这种开放性的整合中，获得了一个核心企业主场优势，并在此过程进一步强化了自身的核心竞争力。

软件外包升级

当今世界由于美国次贷危机引起的经济不景气现象正在波及全球，欧美和日本等主要发达国家软件和信息服务开始多元化转移，将大量的编程和服务工作外包给一些生产成本比中国更低的国家，比如，越南、马来西亚或者摩洛哥等国家和地区。

日本的一些企业已经或正在规划向低成本国家或地区转移，其中由于越南也属于汉文字圈，文化差异相对小，有的已经在越南设置了分公司，而去越南考察的企业则更多。

一方面，发包国家经济疲软必定导致外包服务用户的数量增长受限，尤其美国的金融业受损最大，单个用户的可支配收入也会相应减少；另一方面，人民币升值压力加剧，劳动力成本上升，使得中国外包企业以前一直依赖的成本优势也开始发生变化。受这些因素影响，金融危机期间，中国软件行业出口的增速已明显下降。

当前产业的国际转移体现了世界范围内的产业结构调整，而这种转移正在对世界产业结构产生着比以往任何时候都更加深刻、系统和全面的影响。恰巧在这种特殊时刻，中国也正在面临经济产业结构升级的问题，中国的外包企业能否经受考验，又该如何直面挑战，并变被动承受为主动出击，抓住全球产业结构调整这个历史性机遇，在危机中求生存和发展，从而为我国从制造业大国向服务型经济转型寻找到一个新的契机。

中国外包企业一直存在诸多的问题，比如企业规模有限，质量管理尤其是项目管理欠缺，以及外包业务附加值低等，尤其中国企业在人才数量和质量上出现明显短缺和不足，这些都在很大程度上限制了整个产业的发展速度和规模。

目前，中国最大的软件外包企业东软从事软件外包业务的不到1万人，而印度Infosys全球员工达到8万人；企业规模有限也导致中国企业接单的规模相对于印度要小得多，中国最大的软件外包企业年营收1亿美元，而印度10亿美元的软件外包企业已经超过了10个。

在企业质量管理上，国外企业尤其是日本企业对于软件品质的要求特别高。它们对技术细节的要求严苛，中国的接包方与日本企业发生冲突通常就是因为某一个别细节没能达到他们的要求。导致这种现状的原因是多方位的，其中涉及沟通不畅、文化差异以及相关管理人才欠缺等诸多问题。国内企业要想拓展项目规模，必须不断提高项目管理能力，如果质量不过关，很难赢得发包商的信赖，也更不会有长期合作的可能。

目前国内厂商在接包业务价值链中一般处于低端，即初级的编码外包以及部分测试外包业务，产业链高端的软件需求研究、总体设计等环节中国企业都很少触及。中国的软件外包产业附加值较低，行业利润不高，一些大型外包企业的软件外包业务利润率大约为20%～30%左右，普通中小厂商的利润率小于10%。在国内成本优势不再突出的今天，这种状况会让许多只承接低端外包的企业面临一个"危险"的处境。

人才是中国外包业发展的根本瓶颈所在，无论是企业管理人还是一些分析师都一致反映，中国目前不管哪种类型的人才都欠缺。虽然国内现在每年毕业500万大学生，有"取之不尽的人力资源库"，但真正有实践经验的人才却少之又少。中国高端人才和软件蓝领比较缺乏是事实，现在的大学生要成为高端人才需要相当长的时间和实践来锻炼，要变成软件蓝领，他们又不安分，成本相对也偏高。

中国外包企业存在的这些问题，每一个都不是孤立的，它们相互关联，互为影响，形成了制约中国外包业发展的一个结构性锁链。

管理、产品质量和人才水平的提升，是形成软件外包业最终优势的关键，企业必须优先提高自身的竞争优势，然后才有能力向产业链高端进军。其中人才作为一种中坚力量，是所有因素中最核心的问题，如何打造好人才队伍，关系到一个企业的成败。

东软集团在长期的外包实践过程中已经形成了人才培养的优势。东软注重在实战中培养人才可以加快其融入企业。对于刚入职的新员工，东软有一套体系的培养程序，首先东软会给新员工确定一名导师，在导师和新员工"教学相长"的互动过程中，既可以培训新员工，又能促使导师提升自身技能，把导师培养成既懂技术又懂管理的公司未来领导者。同时，东软还制定了一个知识地图，为员工构造了网状职业发展路线，以便通过综合的培训帮助员工全面成长。除了提高培训的质量外，东软尤其注意缩短新人融入企业的周期和过程，以降低培训成本。

实际人才是一个整体环境的问题，仅仅依靠企业的力量去改变一个城市或地区的外包人才结构是远远不够的。现在一些城市已经开始联合企业与大学或培训机构合作，在短时间内对学生做针对性、职业化的培训，培养了大量人才，比如，大连、重庆、西安等对人才的培训工作早已展开，这样可以极大地缓解外包蓝领人才的缺口再扩大。

真正需要花大力气去解决的是如何培养和吸引更多的高端人才的问题。就印度和中国的外包竞争力差别而言，印度拿单能力强，但因为缺乏中间人才，所以质量保证上有缺陷；而中国中间人才充足，完成质量有保证，但是因为缺乏高端人才，所以拿单难，产业规模和结构一直上不去。

当前，中国城市面临的挑战，就是人口密度变大，而高端人才普遍对舒适环境需求大，对城市管理要求高，相对于待遇问题，他们更希望能有一个可以无障碍沟通、分享与学习的环境。因此,高端人才的引进归根结底是一个人才环境营造的问题。

不过,互联网给了企业开发更多高端人才的机会。当前,我国很多外包企业还没有真正发掘互联网的力量,既然像宝洁、IBM这样的大型跨国企业都已经开放研发链条,为什么软件外包不能利用众包将分布在全球范围内的高端人才吸引在自身周围。那是一个无穷的知识宝库。比如,可以招募欧美当地的高端人才在当地接单,然后再通过企业的网络平台分包到国内;或者在网上招募人才直接参与外包项目。

当然,这样一种开放性人才结构对企业管理自身提出了更高的要求,不仅需要更强的项目统筹能力,将网络上分布式协同的成果进行过程把控、协调以及最终的整合;更需要企业在人才发掘、长期维护上花费比以往更多的精力和时间。这些最终会涉及一个外包企业从组织结构、核心业务流程、管理等全方位的改造和重组,势必是一个巨大的工程。

对一个城市或地区来说,外包产业会从整体上触动本地的人才结构、经济结构、市场和政策环境的升级与调整。当前,一些跨国企业纷纷开始在国内部分城市设立外包中心,而在影响它们是否选择某一城市的因素的先后排列顺序是这样的:人才,成本,市场环境,本地外包生态系统。

在国内外包产业成本优势没有完全丧失的情况下,人才仍然被排在了第一位,在互联网经济的大背景下,解决人才问题,需要当地政府转变观念从更广阔的范围内去重新考虑。市场环境则有赖于政府的引导力以及新的市场观念上的变革。至于本地外包企业生态系统,是产业集群的升级和改造问题。三者绝不是相互孤立的,而是相互关联互为影响的,因而,需要从整体上去综合考量。

跨国企业选择在国内城市设立的外包中心是企业借助自身的优势,在打造一个面向某一地区的软件分包平台,它们从国际上去接单,然后再根据需求分包给平台上的伙伴商;或者承接国内企业的外包需求,从而形成一个全球的外包价值网络。在这样一个外包价值网络中,跨国企业仍然充当着核心的平台运营商的角色。

实际上,各地政府完全可以联合本土企业,利用自身的优势,来建立一个城市或区域的信息服务交易平台,在国际发包商与国内外包服务企业之间建立直接的商务网络,并围绕此开设人才社区,就会形成一个城市或区域的全球人才网络基地和全球的外包企业资源集群。

在过去的几年中，中国政府在政策以及人才培养等一直给予大力的全方位扶持。目前，商务部正会同有关部委制定扶持软件外包产业发展的新政策，改变原18号文中不利于中国软件外包产业发展的有关规定，如原18号文没有对软件与信息服务外包认定清楚，也没有对从事软件外包的企业做更明确的扶持规定。在"十一五"期间，中国软件外包企业将获得更多优惠政策的扶持。

商务部2006年还开始启动了承接服务外包的"千百十"工程，确定的首批五个服务外包基地城市，分别是大连、西安、成都、上海、深圳；2007年年初，天津、北京、南京、杭州、武汉和济南被认定为第二批"中国服务外包基地城市"。

一系列政策在推动我国外包产业的发展上起到了积极的作用，为了避免出现盲目跟进重复建设的现象，各个城市需要根据自身的人才及相关资源优势进行差异化布局，这样可以提高资源利用率，充分挖掘市场，从而形成一个全国范围内较为合理的外包产业生态结构。

区域集群的改造

随着经济全球化的深度推进，传统生产价值链逐渐在全球分解，世界价值创造体系在出现前所未有的解构和重组。产业的国际转移体现了世界范围内的产业结构调整，这种转移正在对我国产业结构产生比以往任何时候都更加深刻、系统、全面和综合的影响。

由于各种外部环境的变换带来了更多不确定因素，2007年年底珠三角外资企业迁离的现象出现了一次小爆发。在传统制造业中，如服装、纺织、塑料制品、电子元件、金属和非金属制品等，均出现企业大规模撤退的情况。据统计，珠三角约8万家港企中，有37.3%正计划将全部或部分生产能力搬离珠三角，在东莞，约有200～300家工厂倒闭，深圳市共有18个行业出现企业外迁情况。

利用外资的变化反映出中国经济环境的变化。近两年，随着我国原材料和劳动力成本的上涨、加工贸易及出口退税政策调整、人民币持续升值等，使传统制造业基地珠三角正在面临巨大的压力。而这一切标志着我国依靠便宜地价、廉价劳力、优惠政策吸引外企、打造产业基地的时代正在经历新的变迁。

珠三角的加工制造企业都是"两头（原材料和市场）在外"，企业的"头"和"脚"

都在海外，国内只是一个生产车间，缺乏自主创新的能力，如遇投资环境变化，必将向其他地区转移，从而造成当地产业"空心化"。当前，珠三角经济能否成功转型最令人担忧的是创新主体的缺失。

麦肯锡全球研究所认为，阻碍许多发达国家创新的真正问题，是政府干预太多，来自政府的繁文缛节有的时候甚至会增加市场壁垒。日本和韩国的研究所的研究显示，政府沉重的干预更是在这些国家令人窒息：除了一些竞争激烈的出口产业群（汽车、电子产品和钢铁）外，一些效率低、处于温室里的行业对于新技术或新商业模式的反应普遍要慢好几拍。

归根结底，未来真正具有竞争力的是企业生态系统，地区或地理的重要性已经被弱化了。因此，政府的问题是，如何吸引更多具有竞争力的公司和人才。那么，有什么良方来促进企业创新呢？

首先，停止试图克隆硅谷的计划，不要再继续往里投钱了。欧盟国家在研究经费投入上过于分散，难以实现产业规模化，导致欧盟国家在创新力上一直输于美国。然而，有一个比金钱更重要的因素：文化。面对一个全球性的开放市场，企业被迫需要学习全球性思维。

其次，各国政府积极推动创新时，需要找出市场扭曲和过度监管的地方，并加以改善。过度监管，腐败和统一规划对于推动创新并没有太多益处。另外，中小企业可能会比大企业更依赖政府在创新上的慷慨援助。

在新的形势下，如何实现我国产业集群的改造和升级，除了以上常规性的做法之外，就是充分挖掘价值网络的创新作用，将各个产业转化为不同的价值网络，引导企业从地理上的劳动密集型集群向虚拟空间里的创新集群过渡，使二者产生优势互补，共同促进区域和城市经济发展。

当前我国中小企业越来越重视通过信息化进行组织改造，这为区域产业集群的结构升级奠定了很好的基础。接下来，就需要整合产业和区域的优势，在区域产业集群的基础之上，创建一个到多个区域或城市的产业服务平台，并将其发展成为完整的商业价值网络，在全球范围内寻找并引进一切与产业相关的资源，包括用户、价值相关的大中小型企业，还有人才。

制约我国产业集群长远发展的核心因素，就是创新。通过组建商业价值网络，引进外部创新，使其成为一个地区产业的创新交易平台，从而实现从传统的制造集群向网络的创新集群过渡。二者正好形成优势整合，相互融合成为一种全新的集群结构，它有助于企业之间能力要素的互动与调整，促进技术产品的研发生产，达到最终产品的最优。

价值网络是一种市场或终端驱动型的创新模式，这和基于价值链的高端企业主导创新的模式完全不一样，创新的主动权被释放到价值网络上的每个节点，这种创新结构上的改变为我国区域产业集群结合自身独特的生产工艺优势组建创新集群网络，提供了技术条件。

不仅如此，纵观全球市场，下一轮消费创新动力不再是日本的女中学生，而很有可能来自于广大的第三世界市场，比如南非贫民窟或者中国的农村。因此，我国企业将是离世界消费市场最近的，也是最了解并能随时洞察市场需求变化的，这为我国企业或产业取得下一轮创新的主动权提供了无可比拟的天然优势。

打造基于价值网络的创新集群，将使得一个城市或区域成为某个产业的未来信息服务中心，也必定是创新的中心，而创新中心要求能为全球各地企业找到人才资源，并向其提供所需的服务。

创新集群也是人才的集群，创新型经济的基础就是人才的使用。人才是构成价值网络的基本单元，也决定了它的价值基础。如果一个城市或地区不能吸引并搭建一个网络化的无障碍全球性人才基地，也就意味众包失去了的根基。

如何创建和长期维护这种虚拟的全球人才智库，将为政府和企业带来新的课题。另外，如果一个城市能从人才生态环境上加以改造，打造一个舒适的休养生息之所，吸引更多的人才过来定居的话，也就意味着，城市可以将人才进口转变为人才出口。这些人将能不必迁移、坐在家里为全球各地的企业工作和服务，为当地城市创造经济收入。印度就是这样一个突出的例子。印度培养了一批受过良好教育的经理人、工程师和信息技术专家，他们参与全球各地企业的研发项目。

虽然，企业价值网络具有自我组织、自我优化和演化的特性，成员企业内部相互作用是推动整个生态系统进化的根本动力。不过，外部环境组织因素也是系统有序演化的重要条件，因而，政府和平台服务商等的积极调控、协调、管理、服务和监督等措施是完全有必要的，前提仍然是来自外部的组织行为必须遵循价值网络自身的发展规律，是有利于系统的自组织发挥作用的。